DA QUEDA À CONQUISTA

Estratégias para superar desafios e sair do buraco

FinGenius Consultoria
João Xavier

INTRODUÇÃO

No universo empresarial, enfrentar momentos desafiadores é uma jornada que todos os empreendedores conhecem bem. Assim como um alpinista que encara uma montanha íngreme, os altos e baixos são inevitáveis, mas são também oportunidades de crescimento e superação. Se você está lendo este eBook, é porque, como muitos outros líderes, você está determinado a tirar sua empresa do buraco e trilhar o caminho da recuperação e sucesso duradouro.

Imagine-se como um capitão navegando um navio em mares turbulentos. As tempestades são inevitáveis, mas é a habilidade de ajustar as velas, tomar decisões sábias e manter a tripulação unida que define o destino. Nos próximos capítulos, mergulharemos em estratégias concretas para resgatar sua empresa do abismo, oferecendo-lhe uma bússola para guiar sua jornada. Assim como o capitão, você tem o poder de transformar desafios em oportunidades e conduzir sua empresa a águas mais tranquilas.

Estamos prestes a explorar cada aspecto de sua jornada de revitalização, desde o diagnóstico inicial até a construção de uma base sólida para o futuro. Ao longo deste eBook, você encontrará exemplos inspiradores de empresas que enfrentaram circunstâncias semelhantes e conseguiram emergir mais fortes. Lembre-se, você não está sozinho nesta empreitada. Juntos, vamos traçar um roteiro para reerguer sua empresa e testemunhar o renascimento de sua visão empresarial.

Preparado para começar esta jornada de transformação? Vamos avançar para o primeiro capítulo e descobrir como diagnosticar a situação atual de sua empresa de maneira precisa e objetiva.

PREFÁCIO

Uma Jornada de Transformação Empresarial

Caro Leitor,

É com grande entusiasmo e gratidão que eu apresento este livro sobre como revitalizar e dar um novo direcionamento à sua empresa. Como fundador da FinGenius, entendo profundamente os desafios que podem surgir ao administrar um negócio. Ao longo dos anos, tive a obrigação de trabalhar com inúmeras empresas e líderes, testemunhando a resiliência e a capacidade de adaptação que muitas vezes definem o sucesso.

Minha jornada no mundo dos negócios me ensinou que mesmo as situações mais difíceis podem ser uma oportunidade para transformação e crescimento. O propósito deste livro é oferecer a você uma prática básica para navegar por águas turbulentas e emergir mais forte do outro lado.

Cada capítulo oferece uma abordagem passo a passo, projetada para inspirar você a liderar com confiança, inovação e determinação. Saiba que não está sozinho nesta jornada. Este livro foi criado com a intenção de fornecer orientações práticas e insights que podem ajudar sua empresa a superar obstáculos e alcançar novos patamares.

Lembre-se de que a transformação começa com a primeira decisão de agir. Convido você a mergulhar de cabeça nesta jornada e aplicar as lições aprendidas para criar um futuro de sucesso e prosperidade.

Com os melhores votos,
João A. X. Neto Fundador da FinGenius

CAPÍTULO 1: DIAGNÓSTICO DA SITUAÇÃO ATUAL

A ssim como um médico realiza exames detalhados antes de prescrever um tratamento, é fundamental que você mergulhe fundo na análise da saúde de sua empresa. Imagine que você é um detetive investigando um caso complexo, procurando por pistas que levem à solução do mistério. Neste capítulo, você se tornará o detetive de sua própria empresa, identificando as raízes dos desafios que a afetam.

Pense na situação financeira como um quebra-cabeça intricado. Ao analisar balanços, demonstrativos e fluxo de caixa, você começará a montar esse quebra-cabeça peça por peça. Assim como um bom detetive, examine os números com atenção, buscando pistas sobre gastos excessivos, padrões de consumo de recursos e desequilíbrios financeiros. Um exemplo inspirador é a empresa X, que ao analisar cuidadosamente seus fluxos de caixa, identificou um padrão de despesas não essenciais, que uma vez cortadas, ajudaram a melhorar drasticamente a saúde financeira.

Da mesma forma, como um arqueólogo que escava camadas de solo para revelar histórias antigas, escave os processos internos de sua empresa. Identifique gargalos que podem estar travando a produtividade e a eficiência. Um exemplo notável é a empresa Y, que, ao mapear seus processos, descobriu um gargalo na cadeia de suprimentos que estava afetando a entrega pontual. Com uma solução inteligente, eles conseguiram resolver o problema e melhorar a experiência do cliente.

Por fim, assim como um explorador que estuda as estrelas para navegar em mares desconhecidos, compreenda o mercado em que sua empresa opera. Analise tendências, mudanças nas demandas dos clientes e ações da concorrência. A empresa Z, por exemplo, ao analisar a evolução do mercado, antecipou uma mudança nas preferências dos consumidores e rapidamente adaptou sua linha de produtos para atender a essa demanda crescente.

À medida que você avança neste capítulo, lembre-se de que você é o investigador, o arqueólogo e o explorador de sua própria empresa. Cada peça do quebra-cabeça, cada camada escavada e cada estrela estudada o levarão a um diagnóstico preciso, o primeiro passo crucial para traçar o caminho da recuperação. Estamos apenas começando a desvendar os mistérios que nos aguardam.

Avaliando as Finanças

Imagine suas finanças como um mapa que revela os contornos de sua jornada empresarial. Neste capítulo, você se torna um cartógrafo, traçando os detalhes financeiros que definem a saúde de sua empresa. Assim como um navegante estuda as estrelas para orientar seu curso, você estudará os números para guiar sua empresa para águas mais seguras.

Comece examinando o balanço patrimonial, um retrato instantâneo da saúde financeira. Semelhante a um termômetro, ele revelará se sua empresa está quente ou fria. Analise ativos, passivos e patrimônio líquido, identificando tendências que possam indicar problemas. Por exemplo, a empresa A, ao observar um aumento constante nos passivos, vê a necessidade de reduzir as despesas para restaurar o equilíbrio.

Explore também os demonstrativos financeiros, como a Demonstração de Resultados e o Fluxo de Caixa. Eles são como os elementos de uma paisagem que contam a história de sua empresa. Busque padrões de receitas, despesas e movimentos de caixa. A empresa B, ao analisar o fluxo de caixa, descobriu que a sazonalidade estava afetando a caixa e tomando medidas para nivelar essas flutuações.

Em cada número, você encontrará pistas sobre como sua empresa opera e onde estão os desafios. Ao entender esses indicadores financeiros, você estará preparado para tomar decisões controladas. Lembre-se, assim como um bom cartógrafo desenha linhas precisas, você delineará a trajetória financeira que levará sua empresa da convergência para a estabilidade.

Nosso próximo passo nos levará ao coração da operação: identificar e resolver os problemas operacionais que podem estar comprometendo o sucesso de sua empresa.

Análise de Fluxo de Caixa e
Projeções Financeiras

N este capítulo, você se transformará em um trilheiro habilidoso, explorando o fluxo de caixa de sua empresa como uma trilha que revela os altos e baixos de sua jornada financeira. Assim como um navegador utiliza o mapa das estrelas para prever seu curso, você usará projeções financeiras para prever cenários futuros e orientar suas decisões.

1. Explorando o Fluxo de Caixa:

Inicie sua exploração realizando uma análise rigorosa do fluxo de caixa de sua empresa. Assim como um trilheiro que examina cada curva da trilha, você examinará cada entrada e saída de dinheiro. Identifique picos de receita e valores de despesas, momentos de abundância e escassez. A empresa C servirá como inspiração, pois, ao analisar seu fluxo de caixa, verá que mesmo com receitas consistentes, despesas não planejadas estavam levando a déficits recorrentes. Ao mapear cuidadosamente esse fluxo, você estará preparado para lidar com desafios financeiros antecipadamente.

2. Projeções Financeiras:

Assim como um navegador que utiliza o mapa das estrelas para traçar seu curso, você usará projeções financeiras para vislumbrar o futuro de sua empresa. Imagine essas projeções como um tratado que antecipa os próximos capítulos da história financeira de sua empresa. Com base nas tendências atuais e nas mudanças planejadas, projetamos diferentes cenários. A empresa D é um exemplo ilustrativo, ao projetar o impacto de uma nova estratégia de marketing e observar um aumento previsto nas vendas e uma melhoria geral nas finanças.

3. Antecipando Desafios e Preparando Estratégias:

Uma análise do fluxo de caixa e as projeções financeiras são suas ferramentas poderosas. Assim como um trilheiro experiência antecipada obstáculos na trilha, você anteciparás desafios financeiros. Ao compreender os padrões de entrada e saída de dinheiro, você estará preparado para enfrentar deficiências ou excessos e tomar medidas adequadas. Essa antecipação permite que você prepare estratégias para superar obstáculos financeiros.

Conclusão e Resumo:

Ao final deste capítulo, você terá explorado o fluxo de caixa como um trilheiro habilitado, examinando cada curva e transportando para entender o destino de seus recursos. Assim como um navegador utiliza o mapa das estrelas para prever seu curso, você usará projeções financeiras para antecipar cenários futuros. O fluxo de caixa e as projeções financeiras são suas bússolas, permitindo que você antecipe desafios e tome decisões informadas para orientar sua empresa rumo à recuperação. Com essa compreensão, você está preparado para enfrentar as reviravoltas financeiras da jornada que está por vir.

Identificação de Passivos e Ativos

Neste capítulo, você se transformará em um engenheiro financeiro, desmontando cada peça do quebra-cabeça financeiro de sua empresa para compreender como os ativos e passivos interagem e impactam sua saúde financeira. Imagine os ativos e passivos como as engrenagens que movem uma máquina complexa, cada uma desempenhando um papel fundamental na operação. Assim como um mecânico observa cada componente de um carro para diagnosticar problemas, você examinará minuciosamente os ativos e passivos em busca de oportunidades de melhoria.

1. Análise superior dos Ativos:

Comece sua análise focando nos ativos da empresa, que são os recursos que impulsionam suas operações. Avaliar os estoques, equipamentos, propriedades e outros recursos tangíveis e intangíveis. A empresa serviu como um exemplo inspirador, ao perceber que estava mantendo um excesso de estoque que congelava capital que poderia ser investido em outras áreas mais estratégicas. Ao analisar cada ativo com soluções, você identificará áreas onde pode melhorar a alocação de recursos.

2. Exploração dos Passivos Financeiros:

Assim como um detetive que segue o rastro de pistas, você investigará os passivos financeiros da empresa. Estes representam obrigações financeiras, como dívidas, empréstimos e contas a pagar. Uma empresa F exemplifica esta análise ao descobrir que estava pagando taxas de juros elevadas em empréstimos antigos. Ao refinanciar suas dívidas, conseguiu reduzir o custo financeiro e melhorar sua posição financeira.

3. Montando o Quebra-Cabeça Financeiro:

À medida que você examina ativos e passivos, você está montando um quebra-cabeça financeiro que revela a imagem completa da saúde financeira de sua empresa. Cada peça é inserida para criar uma visão clara e específica de como sua empresa está operando. A empresa E ajusta seus ativos, enquanto a empresa F otimiza seus passivos, e você não terá comando para ajustar ambos conforme necessário para maximizar o desempenho.

Conclusão e Resumo:

No final deste capítulo, você terá o papel de um engenheiro financeiro, desmontando os componentes de ativos e passivos para entender sua interação e impacto. Assim como uma mecânica otimiza as engrenagens de uma máquina para um desempenho mais eficiente, você ajustará os ativos e passivos para maximizar o crescimento e a estabilidade de sua empresa. Com uma compreensão completa dos recursos e obrigações de sua empresa, você estará pronto para obrigar e desenvolver estratégias que reforcem sua base financeira e pavimentem o caminho para a recuperação.

Análise de Processos em Todas as Áreas

Neste capítulo, você se transformará em um engenheiro de processos, desmontando e examinando cada etapa dos processos de sua empresa para identificar onde a eficiência está sendo prejudicada. Assim como um arqueólogo explora camadas para desvendar segredos antigos, você explorará os processos para revelar ineficiências ocultas.

1. Desmontando e Analisando Processos:

Imagine os processos de sua empresa como engrenagens que mantêm uma máquina em movimento. Você faz sua jornada desmontando cada processo, examinando-o minuciosamente. Assim como um engenheiro que desmonta uma máquina para entender seu funcionamento, você analisará cada etapa dos processos em todas as áreas de sua empresa.

2. Identificação de Gargalos e Atrasos:

Cada departamento é um elemento crucial na corrente operacional de sua empresa. Como um engenheiro, mapeie cada etapa dos processos, identificando gargalos e atrasos que possam estar prejudicando a eficiência. A empresa G servirá como exemplo, ao analisar seus processos de atendimento ao cliente e descobrir que a falta de automação estava levando a tempos de resposta mais longos.

3. Automação e Otimização:

Assim como um engenheiro projeta uma ponte mais resistente, você terá a oportunidade de criar fluxos de trabalho mais eficientes. Identifique áreas onde a automação pode ser modificada para agilizar os processos. A empresa é um exemplo notável, ao automatizar o processo de aprovação de pedidos e reduzir o tempo de processamento em mais da metade.

4. Rumo à Excelência Operacional:

Analisar os processos é como descobrir um tesouro enterrado. Cada melhoria que você implementa é um passo em direção a um funcionamento mais suave e eficiente de sua empresa. Assim como um engenheiro que projeta uma estrutura mais eficaz, você projetará uma empresa que opera com excelência em suas operações.

Conclusão e Resumo:

Ao concluir este capítulo, você terá se transformado em um engenheiro de processos, desmontando e analisando cada etapa dos processos de sua empresa. Assim como um arqueólogo que desvenda segredos antigos, você revelou ineficiências ocultas que podem estar prejudicando sua eficiência operacional. Com a identificação de gargalos e a introdução de automação, você está pavimentando o caminho para uma operação mais eficiente e eficaz. Essa busca pela excelência operacional é fundamental para a recuperação de sua empresa e sua jornada rumo ao sucesso.

Identificação de Ineficiências e Gargalos

Neste capítulo, você será como um engenheiro rodoviário, operando cada curva e índices de processos de sua empresa em busca de congestionamentos e desvios. Assim como um navegador busca a rota mais rápida, você identificará ineficiências e gargalos para melhorar o fluxo operacional.

1. Identificação de Ineficiências:

Imagine os processos de sua empresa como uma estrada sinuosa, onde as ineficiências são como redemoinhos que retardam o progresso. Como um engenheiro rodoviário, você examina cada etapa dos processos, buscando tarefas repetitivas ou demoradas que possam estar impactando a eficiência. A empresa é um exemplo inspirador, ao analisar seus processos de produção e perceber que várias etapas poderiam ser consolidadas, resultando em economia de tempo e recursos.

2. Focalizando nossos Gargalos:

Assim como um bloqueio em uma estrada congestionada, os gargalos nos processos de sua empresa podem interromper o fluxo operacional. Identificar esses pontos onde o fluxo fica preso ou interrompido é crucial para melhorar a eficiência. A empresa J é um caso notável, ao investigar atrasos na entrega e descobrir que um fornecedor específico estava causando gargalos na cadeia de suprimentos.

3. Desobstruindo o Caminho:

Cada ineficiência e gargalo que você identifica é uma oportunidade para desobstruir o caminho. Como um engenheiro rodoviário que cria pistas mais fluidas, você ajustará os processos para maximizar a eficiência. Eliminar essas obstruções permitirá que sua empresa flua mais suavemente na direção ao sucesso.

Conclusão e Resumo:

Ao concluir este capítulo, você se tornou um engenheiro rodoviário dos processos de sua empresa, identificando ineficiências e gargalos que podem estar prejudicando o fluxo operacional. Como um navegador experiente, você está traçando um curso para melhorar a eficiência e garantir que sua empresa esteja no caminho certo para a recuperação. Cada obstáculo superado é um passo em direção a um funcionamento mais suave e eficiente, impulsionando sua jornada em direção ao sucesso.

Avaliando o Mercado

Neste capítulo, você se transformará em um ecologista de negócios, observando o mercado como um ecossistema em constante mudança. Assim como um cientista que estuda um ecossistema para entender seu equilíbrio, você examinará o mercado para compreender seu contexto e desafios.

1. Análise SWOT:

Comece com uma análise SWOT, uma ferramenta que revela as forças, fraquezas, oportunidades e ameaças do seu negócio. Assim como um ecologista estuda um ambiente de todos os ângulos, você observará seu negócio sob diferentes perspectivas. Por exemplo, considere a empresa K, que organiza uma oportunidade de crescimento no mercado online, mas também descobriu uma fraqueza na capacidade de entrega rápida.

2. Observando as Tendências de Mercado:

Assim como um biólogo observa os padrões de comportamento animal, você estudará as tendências de mercado. Identificar mudanças nos comportamentos dos consumidores e nas demandas do mercado. Um exemplo é a empresa L, que segue uma preocupação crescente dos consumidores com a sustentabilidade. Essa percepção levou a adaptar seus produtos para atender a essa demanda emergente.

3. Explorando um Novo Habitat:

Avaliar o mercado é como explorar um novo habitat. Cada descoberta o ajuda a entender melhor as dinâmicas do mercado e a adaptar sua empresa. Assim como um ecologista usa seus insights para proteger um ecossistema, você usará suas observações para posicionar estrategicamente sua empresa no mercado em evolução.

Conclusão e Resumo:

Este capítulo se transformou em um ecologista de negócios, explorando o mercado como um ecossistema em constante mudança. Assim como um cientista que estuda um ambiente para entender suas nuances, você avalia o mercado com uma análise SWOT abrangente e analisa as tendências emergentes. A cada nova percepção, você está melhor preparado para posicionar sua empresa de maneira estratégica, navegando com confiança nas águas turbulentas do mercado em evolução. Cada decisão informada é uma oportunidade para sua empresa prosperar e crescer em harmonia com as mudanças que ocorrem ao seu redor.

Pesquisa de Mercado Atualizada

Neste capítulo, você se tornará uma experiência em navegador, utilizando a pesquisa de mercado como uma bússola para direcionar suas decisões estratégicas. Assim como um explorador de mapas antes de iniciar uma jornada, você analisará uma pesquisa de mercado para traçar um novo curso.

1. Atualização da Pesquisa de Mercado:

Comece atualizando sua pesquisa de mercado, agitando como um cartógrafo que desenha novos mapas. Descubra as tendências, demandas e preferências dos consumidores atuais. Por exemplo, a empresa contribuiu com uma pesquisa abrangente e descobriu que os consumidores estavam buscando soluções mais acessíveis. Eles adaptaram seus produtos para atender a essa nova demanda, mantendo-se alinhados com as mudanças do mercado.

2. Identificação de Lacunas no Mercado:

Assim como um explorador que encontra territórios inexplorados, identifique lacunas no mercado onde sua empresa possa se destacar. Analise a concorrência e descubra áreas onde você pode oferecer algo único. A empresa N, por exemplo, encontrou uma lacuna para produtos Premium a preços acessíveis ao analisar o mercado. Eles rapidamente capitalizaram essa oportunidade e se posicionaram com sucesso nesse espaço.

3. Utilizando Insights para Moldar Decisões:

A pesquisa de mercado é como a estrela do Norte que orienta sua estratégia. Cada insight coletado é uma direção para moldar suas decisões. Semelhante a um navegador que se ajusta à rota com base em novas informações, você adaptará sua estratégia para se alinhar às necessidades e tendências do mercado.

Conclusão e Resumo:

Este capítulo destacou a importância da pesquisa de mercado como uma ferramenta essencial para orientar suas decisões estratégicas. Como um navegador experiente, você utiliza insights de pesquisa para mapear tendências, identificar lacunas no mercado e ajustar sua estratégia conforme necessário. Assim como um explorador que se baseia em mapas precisos, você confia na pesquisa de mercado para navegar com confiança em um mercado em constante evolução. A cada nova descoberta, você está mais bem preparado para alcançar seus objetivos e prosperar em um cenário competitivo.

Análise das Tendências do Setor e Mudanças de Comportamento do Consumidor

Neste capítulo, você se tornará um experiente surfista, capaz de observar e aproveitar as ondas das tendências do setor e as mudanças de comportamento do consumidor para ajustar sua estratégia de negócios.

1. Análise das Tendências do Setor:

Assim como um meteorologista prevê mudanças climáticas, observe as tendências que estão moldando o seu setor. Esteja atento a avanços tecnológicos, mudanças regulatórias e outras transformações relevantes. A empresa O, por exemplo, ao perceber uma demanda crescente por soluções de energia renovável, reposicionou-se como líder nesse segmento, antecipando as necessidades do mercado.

2. Entendendo as Mudanças de Comportamento do Consumidor:

Assim como um antropólogo estuda culturas em transformação, entender como os consumidores estão interagindo com produtos e serviços. Analisar as mudanças em seus padrões de compra, preferências e comportamento. A empresa P, ao notar a mudança para compras online, investiu em uma plataforma de e-commerce robusta para atender a essa nova demanda.

3. Adaptação e Aproveitamento:

Uma análise das tendências e comportamentos é como surfar nas ondas do mercado. Assim como um surfista se move em harmonia com o mar, você moverá sua empresa em sincronia com as mudanças em curso. Ao se manter atento às mudanças, você estará pronto para aproveitar as oportunidades que surgirem e evitar ser engolido pelas correntes.

Conclusão e Resumo:

Este capítulo destacou a importância de estar atento às tendências do setor e às mudanças de comportamento do consumidor. Assim como um surfista habilidoso, você utiliza essas informações para ajustar sua estratégia e navegar com sucesso em um ambiente de negócios em constante evolução. Ao antecipar as mudanças e se adaptar a elas, você se posicionará de forma estratégica para aproveitar as oportunidades e enfrentar os desafios do mercado. Lembre-se, assim como um surfista lê as ondas para escolher o momento certo de pegar a próxima onda, você aproveitará as tendências e os comportamentos para o crescimento e a inovação de sua empresa.

Conclusão e Resumo do Primeiro Capítulo: Desvendando a Situação Atual e Preparando a Revitalização

C hegamos ao final do primeiro capítulo, onde você assumiu papéis de detetive, engenheiro, trilheiro e explorador para entender profundamente a situação atual de sua empresa e preparar o terreno para sua revitalização. Neste capítulo, você aprendeu a:

Analisar as Finanças: Como um detetive, você examina minuciosamente as finanças de sua empresa, identificando ativos e passivos, bem como projetando cenários financeiros. Isso proporcionou uma visão clara da saúde financeira atual e das oportunidades de melhoria.

Processos adicionais: Como um engenheiro, você contratantes ineficiências e gargalos nos processos operacionais da empresa. Essa análise detalhada permitiu que você preparasse o terreno para melhorias, otimizando a eficiência em todos os departamentos.

Avaliar o Mercado: Transformando-se em um trilheiro, você explora o mercado atual e as tendências do setor. Essa avaliação SWOT e análise de tendências possibilitaram a identificação de oportunidades de crescimento e posicionamento estratégico.

Atualizar Pesquisa de Mercado: Como um explorador, você atualizou uma pesquisa de mercado, obtendo insights importantes sobre as preferências e demandas dos consumidores. Essas informações informaram a estratégia da empresa para atender às necessidades em constante evolução.

Resumo:

Cada passo realizado neste capítulo é crucial para uma jornada de revitalização de sua empresa. Assim como um médico faz um diagnóstico completo antes de iniciar um tratamento, você adquiriu um entendimento profundo da situação de sua empresa. Isso permitirá que você trace estratégias informadas, específicas e homologadas com as necessidades do mercado e as possibilidades internacionais. Lembre-se, assim como um planejador experiente considera todos os detalhes antes de embarcar em uma jornada, você está preparado para liderar a revitalização de sua empresa com confiança e visão estratégica.

CAPÍTULO 2: REFAZENDO SUA ESTRATÉGIA - REDEFININDO O CAMINHO PARA O SUCESSO

N este capítulo crucial, você mergulhará na essência da transformação estratégica para sua empresa. Assim como um arquiteto visionário que renova um edifício antigo, você aprenderá a revitalizar os alicerces do seu negócio, fortalecendo a visão, a missão e os objetivos para enfrentar desafios e abraçar oportunidades.

Revisando Visão e Missão:

Como um explorador de possibilidades, você entenderá a importância de reavaliar e realinhar a visão e a missão de sua empresa. Isso garantirá que a empresa tenha uma direção clara e uma base sólida para suas decisões estratégicas.

Alinhamento com Novos Objetivos e Realidades:

Assim como um estrategista habilidoso, você ajustará sua estratégia para se alinhar com os objetivos renovados e com a situação atual. Isso permitirá que a empresa se adapte às mudanças e aproveite as oportunidades emergentes.

Reavaliação do Propósito e Impacto da Empresa:

Como um detetive perspicaz, você examinará o propósito subjacente de sua empresa e seu impacto na comunidade. Isso ajudará a garantir que a empresa esteja contribuindo positivamente para a sociedade e agregando valor real.

Definindo Metas Realistas:

Assim como um mestre das metas, você estabelecerá objetivos claros e alcançáveis para orientar seu negócio. Metas bem definidas fornecem uma direção clara e motivam a equipe a trabalhar em conjunto para alcançar resultados significativos.

Estabelecimento de Metas de Curto, Médio e Longo Prazo:

Como um estrategista de prazos, você definirá metas de diferentes horizontes para direcionar o progresso. Isso permitirá um planejamento abrangente e uma abordagem equilibrada para o crescimento e desenvolvimento da empresa.

Definição de Indicadores Claros para Medir o Progresso:

Assim como um contador meticuloso, você identificará indicadores-chave para avaliar o avanço na direção às metas. Essas avaliações ajudam a monitorar o progresso e a fazer ajustes conforme necessário.

Redefinindo o Público-Alvo:

Como um observador atento, você reexaminará seu público-alvo para melhor atender às suas necessidades. Entender as mudanças nas preferências e demandas dos consumidores permitirá que a empresa se adapte e se conecte de maneira mais eficaz.

Análise de Segmentação Demográfica e Psicográfica:

Assim como um pesquisador de mercado, você explorará detalhadamente os segmentos demográficos e psicográficos. Isso permitirá uma compreensão mais profunda de diferentes grupos de consumidores e suas motivações.

Identificação de Novas Necessidades e Demandas do Mercado:

Como um solucionador de problemas, você descobrirá as necessidades emergentes do mercado. Isso abrirá portas para o desenvolvimento de produtos e serviços inovadores que atendam às demandas em constante evolução.

Cada passo que você realizar na jornada de transformação estratégica será um impulso para um futuro mais promissor. Prepare-se para liderar sua empresa em direção a um horizonte repleto de possibilidades, onde cada decisão estratégica moldará um amanhã mais sólido e promissor. Assim como um navegador habilidoso, sua orientação e decisões conduzirão a empresa ao sucesso.

Revisando Visão e Missão

Imagine a visão e missão de sua empresa como as estrelas que guiam sua jornada. Neste capítulo, você se transformará em um astronômico, observando esses pontos de referência para definir a trajetória de sua empresa. Assim como um capitão traçou um curso claro antes de partir, você redefinirá a visão e a missão para orientar sua empresa rumo à recuperação.

Revisando a Visão:

Assim como um arquiteto que visualiza uma estrutura antes de construí-la, você redescobriu a visão de sua empresa. Imagine olhar para o horizonte e enxergar a empresa que deseja criar. A visão deve ser ousada e inspirada, um farol que oriente cada decisão. A empresa S, ao refinar sua visão para "Moldar um futuro mais sustentável", reafirmou seu compromisso com a sustentabilidade e guiou seus esforços nessa direção.

Revisitando a Missão:

Como um autor que reescreve cada palavra de um livro para transmitir a mensagem certa, você ajustou sua declaração de missão. A missão é o propósito de sua empresa, uma razão pela qual ela existe. Deve ser claro e poderoso, como um mantra que todos na empresa podem recitar. A empresa T, ao reestruturar sua missão para "Oferecer soluções inovadoras que transformem vidas", destacou sua dedicação em criar impacto positivo.

Alinhando com a Estratégia:

Assim como um maestro harmoniza diferentes instrumentos em uma orquestra, você alinha visão e missão com a nova estratégia. Certifique-se de que cada elemento da visão e missão esteja em sintonia com os objetivos traçados. Essa harmonia direcionará cada passo da empresa em direção à recuperação.

Revisar visão e missão é como ajustar a bússola antes de embarcar em uma grande jornada. Cada palavra escolhida e cada ideia incluída é uma direção para o futuro. Assim como um astronômico que estuda as estrelas para navegar, você desenvolveu uma bússola clara para sua equipe, orientando-os a seguir na direção ao sucesso.

Alinhamento com Novos Objetivos e Realidades

N este capítulo, você se tornou um arquiteto de mudanças, ajustando cada pedra de sua estratégia para se encaixar perfeitamente em novos objetivos e realidades. Assim como um construtor que adapta um projeto para se adequar ao terreno, você realinha sua estratégia para enfrentar os desafios de frente.

Realinhando com Novos Objetivos:

Como um escultor que ajusta cada detalhe para dar vida a uma obra-prima, você realinhou sua estratégia com novos objetivos definidos. Esses objetivos devem ser específicos, mensuráveis, alcançáveis, relevantes e com prazo definido. A empresa U, ao se comprometer com o objetivo de aumentar a participação de mercado em 20% nos próximos dois anos, traçau uma rota clara para o crescimento.

Adaptando-se às Novas Realidades:

Assim como um marinheiro que ajusta as velas para navegar em mares agitados, você adapta sua estratégia às novas realidades do mercado. Isso inclui mudanças econômicas, avanços tecnológicos e até mesmo eventos imprevistos. A empresa V, ao incorporar a digitalização de processos em sua estratégia após observar a crescente demanda por serviços online, flexibilidade de flexibilidade em se adaptar às mudanças.

Medindo o Progresso:

Como um cientista que faz precisão precisa para monitorar o progresso de um experimento, você definia indicadores-chave de desempenho para acompanhar o sucesso de sua estratégia. Esses indicadores fornecerão insights sobre o progresso e permitirão ajustes conforme necessário. A empresa W, ao monitorar regularmente o aumento nas vendas e a satisfação do cliente, mantém sintonia com sua estratégia em evolução.

O alinhamento com novos objetivos e realidades é como redesenhar o mapa de sua jornada. Cada ajuste que você faz é um passo na direção de uma estratégia mais adaptável e resiliente. Assim como um arquiteto que ajusta cada detalhe para garantir a estabilidade de uma construção, você garante que sua estratégia esteja alinhada com as novas demandas do cenário empresarial.

Reavaliação do Propósito e Impacto da Empresa

Neste capítulo, você se tornou um filósofo empresarial, explorando profundamente o propósito e o impacto de sua empresa no mundo. Assim como um explorador que mergulha nas profundezas para encontrar tesouros escondidos, você reavaliou a essência de sua empresa para orientar suas decisões.

Reconectando com o Propósito:

Como um alquimista que busca transformar o comum em ouro, você reavaliou o propósito central de sua empresa. Pergunte-se por que sua empresa existe e como ela faz a diferença na vida das pessoas. A empresa X, ao reavaliar seu propósito, descobriu que sua verdadeira paixão estava em fornecer soluções inovadoras que melhorariam a vida das pessoas.

Avaliando o Impacto:

Assim como um geólogo que examina as camadas da Terra para entender seu histórico, você avalia o impacto que sua empresa tem no mundo. Analisar como suas atividades afetam a sociedade, o meio ambiente e as comunidades. A empresa Y, ao considerar seu impacto ambiental, promoveu práticas sustentáveis e ganhou reconhecimento entre os consumidores conscientes.

Moldando uma Narrativa Significativa:

Como um escritor que cria histórias envolventes, você moldou uma narrativa significativa em torno do propósito e impacto de sua empresa. Comunique essa narrativa de forma autêntica, conectando-se emocionalmente com seus clientes e colaboradores. A empresa Z, ao compartilhar sua jornada de reavaliação e transformação, desenvolveu uma conexão mais profunda com sua base de clientes leais.

A reavaliação do propósito e impacto é como polir uma alegria para revelar seu brilho interior. Cada reflexão que você faz é um passo em direção a uma empresa mais consciente e engajada. Assim como um filósofo empresarial que busca a verdade essencial, você tem certeza de que sua empresa está enraizada em valores e tenha um impacto positivo e duradouro.

Definindo Metas Realistas

Neste capítulo, você se tornou um mestre na definição de metas, traçando um roteiro claro para o sucesso de sua empresa. Assim como um navegador que marca cada ponto no mapa, você define metas realistas para guiar sua jornada de recuperação.

Metas SMART:

Como um pesquisador que molda a argila com precisão, você criou metas SMART: específicas, mensuráveis, alcançáveis, relevantes e com prazo definido. Essas metas são como orientações que mantêm todos na mesma direção. A empresa AA, ao definir uma meta SMART de aumentar a produtividade da equipe em 15% nos próximos seis meses, criou um alvo claro para sua equipe.

Segmentando objetivos:

Assim como um fotógrafo que ajusta sua lente para focar nos detalhes, você segmenta objetivos maiores em marcos menores e realizáveis. Isso torna uma jornada mais gerenciável e permite celebrar sucessos ao longo do caminho. A empresa BB, ao desmembrar seu objetivo de expansão em etapas, manteve sua equipe motivada e focada.

Monitoramento e Adaptação:

Como um cientista que observa cuidadosamente os resultados de um experimento, você define métodos para monitorar o progresso das metas e fazer ajustes conforme necessário. Isso permite uma abordagem ágil e a capacidade de ajustar o curso, se necessário. A empresa CC, ao analisar regularmente os indicadores de desempenho e fazer ajustes em sua estratégia, apresentada no caminho certo.

A definição de metas realistas é como traçar um mapa detalhado para sua jornada. Cada meta que você estabelece é um passo calculado em direção ao sucesso. Assim como um navegador que segue um plano bem definido, você está garantindo que sua empresa avança de maneira constante e segura em direção à recuperação.

Estabelecimento de Metas de Curto, Médio e Longo Prazo

Neste capítulo, você se transformou em um arquiteto do tempo, construindo uma estrutura sólida de metas que abrange desde o presente até o futuro distante. Assim como um construtor que planeja cada fase de uma obra, você distribui metas de curto, médio e longo prazo para orientar sua jornada de recuperação.

Metas de Curto Prazo:

Assim como um jardineiro que cuida das plantas dia a dia, você define metas de curto prazo para conquistas imediatas. Essas metas impulsionaram a motivação e alcançaram sucessos tangíveis. A empresa DD, ao estabelecer uma meta de aumentar a satisfação do cliente em 10% nos próximos três meses, viu uma melhoria oferecida em um curto período de tempo.

Metas de Médio Prazo:

Como um explorador que traça um mapa para a próxima etapa da jornada, você distribui metas de médio prazo para orientar os próximos passos. Essas metas são marcos importantes em sua trajetória. A empresa EE, ao definir uma meta de expansão para novos mercados regionais nos próximos 12 meses, direcionou seus esforços de crescimento.

Metas de Longo Prazo:

Assim como um arquiteto que visualiza o prédio completo antes mesmo de começar a construir, você localizou metas de longo prazo que representam sua visão a longo prazo. Essas metas inspiram a perseverança e mantêm todos os olhos no horizonte. A empresa FF, ao traçar uma meta de dobrar o faturamento nos próximos cinco anos, deu forma a uma visão ambiciosa.

O estabelecimento de metas em diferentes horizontes é como traçar um caminho claro que se estende ao longo do tempo. Cada meta que você define é um passo em direção a um futuro próspero. Assim como um arquiteto do tempo que administra a construção de cada etapa, você está garantindo que sua empresa avança de forma progressiva em direção à recuperação.

Definição de Indicadores Claros
para Medir o Progresso

Neste capítulo, você se tornou um cientista dos negócios, projetando um sistema preciso para medir o progresso em direção às metas condicionais. Assim como um investigador que acompanha cada pista, você define indicadores claros que fornecem insights relevantes ao longo da jornada de recuperação.

Indicadores Relevantes:

Como um alquimista que seleciona ingredientes cuidadosamente, você escolhe indicadores que refletem diretamente o sucesso das metas. Esses indicadores devem ser específicos e relevantes para a estratégia. A empresa GG, ao definir indicadores para medir a taxa de conversão de leads em vendas, ganhou visibilidade sobre a eficácia de suas campanhas de marketing.

Mensuração precisa:

Assim como um engenheiro que projeta instrumentos de medição precisos, você garantiu que os indicadores sejam mensuráveis e quantificáveis. Isso permite que você acompanhe o progresso com clareza. A empresa HH, ao medir o tempo médio de resposta ao cliente e comparar com as metas definidas, acordos áreas para melhorias no atendimento ao cliente.

Acompanhamento Contínuo:

Como um cientista que realiza experimentos repetidos para validar resultados, você define um processo de acompanhamento contínuo dos indicadores. Isso permite que você ajuste a estratégia conforme necessário.

A empresa II, ao revisar mensalmente os indicadores-chave e realizar reuniões de acompanhamento, mantém-se ágil e adaptável.

A definição de indicadores claros é como traçar um mapa detalhado com marcadores de progresso. Cada indicador é uma luz que ilumina o caminho rumo às metas. Assim como um cientista que busca entender a verdade por trás dos dados, você está preparado para tomar decisões informadas e ajustar uma estratégia à medida que avança.

Redefinindo o Público-Alvo

Neste capítulo, você se transformou em um antropólogo de mercado, mergulhando fundo na compreensão de seu público-alvo. Assim como um explorador que estuda culturas distantes, você redefiniu quem são seus clientes ideais para alinhar sua estratégia revitalizada.

Análise Profunda do Público:

Como um detetive que busca pistas, você realizou uma análise profunda de quem realmente são seus clientes. Compreender seus interesses, desejos e comportamentos é crucial para atender às suas necessidades. A empresa JJ, ao identificar que seu público-alvo estava mudando devido às tendências de estilo de vida, ajustou suas ofertas de produtos de acordo.

Segmentação Estratégica:

Assim como um estrategista militar divide o campo de batalha, você segmenta seu público em grupos específicos. Cada grupo pode ter necessidades e preferências únicas, permitindo que você direcione suas mensagens de forma mais eficaz. A empresa KK, ao segmentar seu público por faixas etárias e interesses, personalizou suas campanhas de marketing com sucesso.

Adaptação à Mudança:

Como um biólogo que estuda a evolução das espécies, você percebe que o público-alvo pode mudar ao longo do tempo. Esteja pronto para se adaptar e redefinir seu público à medida que novas tendências e demandas surjam. A empresa LL, ao perceber que a demografia de seus clientes estava mudando, redesenhou suas estratégias de marketing para atrair essa nova base.

A redefinição do alvo público é como ajustar o foco de uma câmera para capturar uma imagem mais nítida. Cada detalhe que você descobre é uma chave para criar conexões mais profundas e diretas. Assim como um antropólogo de mercado que mergulha nas nuances culturais, você está preparado para ajustar sua estratégia e oferecer valor direcionado a clientes certos.

Análise de Segmentação Demográfica e Psicográfica

Neste capítulo, você se tornou um antropólogo de negócios, mergulhando fundo na análise de sua base de clientes por meio da segmentação demográfica e psicográfica. Assim como um pesquisador que estuda diferentes grupos sociais, você desenvolve padrões de comportamento e necessidades de seus clientes para uma estratégia mais direcionada.

Segmentação Demográfica:

Assim como um geográfico que mapeia diferentes territórios, você analisa a segmentação demográfica para entender as características físicas e sociais de seus clientes. Isso inclui fatores como idade, gênero, localização e renda. A empresa MM, ao perceber que a maioria de seus clientes era composta por jovens adultos de centros urbanos, adaptou sua comunicação para atender a esse público.

Segmentação Psicográfica:

Como um psicólogo que explora as motivações e valores das pessoas, você mergulhou na segmentação psicográfica para compreender as personalidades, estilos de vida e aspirações de seus clientes. Isso permite uma abordagem mais emocional e envolvente. A empresa NN, ao identificar que seu público valorizava experiências únicas, focou em criar eventos exclusivos para seus clientes.

Mapeando Perfis:

Assim como um cartógrafo que cria mapas detalhados, você mapeia diferentes perfis de clientes com base na segmentação. Esses perfis são como guias que ajudam a criar mensagens direcionadas e estratégias personalizadas. A empresa OO, ao mapear diferentes perfis de consumidores com base em suas preferências de compra, adaptou suas campanhas para maximizar a relevância.

A análise de segmentação demográfica e psicográfica é como decifrar um enigma complexo para entender o comportamento humano. Cada camada que você descobre é um fragmento importante para construir uma estratégia personalizada e eficaz. Assim como um antropólogo de negócios que desvenda as nuances culturais, você está pronto para oferecer uma experiência excepcional aos clientes.

Identificação de Novas Necessidades e Demandas do Mercado

Neste capítulo, você se tornou um investigador incansável, buscando novas oportunidades para identificar as necessidades e demandas emergentes do mercado. Assim como um explorador que descobre terras desconhecidas, você está descobrindo novos horizontes para sua estratégia de recuperação.

Monitoramento das Tendências:

Assim como um meteorologista rastreia os padrões climáticos, você monitora as tendências e mudanças no mercado. Esteja atento a novos comportamentos, tecnologias emergentes e tendências do consumidor. A empresa PP, ao observar a crescente demanda por produtos sustentáveis, reorientou seus esforços de pesquisa e desenvolvimento.

Escuta Ativa de Clientes:

Como um terapeuta que ouve atentamente seus pacientes, você pratica a escuta ativa para captar as vozes de seus clientes. Suas sugestões, comentários e até mesmo reclamações podem revelar oportunidades de melhoria e inovação. A empresa QQ, ao ouvir as preocupações dos clientes sobre a falta de opções de entrega flexíveis, dinâmicas um novo sistema de entrega agendada.

Antecipação de Necessidades Futuras:

Assim como um estrategista militar que antecipa os movimentos do inimigo, você antecipa as necessidades futuras do mercado. Pergunte como as necessidades dos clientes podem evoluir e se preparar rapidamente para atender a essas mudanças. A empresa RR, ao prever um aumento na demanda por produtos digitais, expandiu sua oferta de produtos online.

A identificação de novas necessidades e demandas do mercado é como explorar um novo território para encontrar tesouros escondidos. Cada descoberta é uma oportunidade para inovar e criar soluções que atendam às necessidades do mercado em constante mudança. Assim como um investigador perspicaz que lê nas entrelinhas, você está preparado para liderar sua empresa em direção a novos patamares.

Conclusão:

Neste capítulo, você se transformou em um verdadeiro mestre da estratégia, abordando aspectos essenciais para a revitalização de sua empresa. Você redefiniu a visão e a missão, alinhando-se com novos objetivos e realidades, distribuindo metas realistas e explorando a identificação de novas necessidades e demandas do mercado. Além disso, mergulhei na análise de segmentação demográfica e psicográfica, personalizando suas abordagens para melhor atender aos clientes. Como um artista esculpindo uma obra prima, você esculpiu uma estratégia revitalizada que brilha com claro e direciona sua jornada de recuperação.

Resumo:

Neste capítulo, você realizou as seguintes ações:

Redefiniu a visão e a missão de sua empresa, criando um farol inspirador para guiar seus esforços.

Alinhou sua estratégia com novos objetivos e realidades, garantindo que cada passo leve ao sucesso.

Estabeleceu metas realistas de curto, médio e longo prazo, traçando um mapa claro para o futuro.

Identificou e redefiniu seu público-alvo, personalizando suas abordagens para melhor atendê-los.

Explorou uma análise de segmentação demográfica e psicológica, compreendendo melhor seus clientes.

Identificamos novas necessidades e demandas do mercado, garantindo sua relevância contínua.

A estratégia revitalizada que você construiu é como um guia que aponta para um horizonte de sucesso. Assim como um navegador experiente que traça um curso preciso, você está pronto para liderar sua empresa em direção à recuperação. Cada ação tomada é um passo cuidadosamente planejado em direção a um futuro mais próspero e promissor para sua empresa.

CAPÍTULO 3: REESTRUTURAÇÃO FINANCEIRA

Neste capítulo, você entrará na sala de operações financeiras da sua empresa, como um cirurgião habilidoso, para diagnosticar e reestruturar sua saúde financeira. Assim como um especialista que restaura a vitalidade de um paciente, você abordará os aspectos financeiros cruciais para a recuperação bem-sucedida de sua empresa.

Introdução à Reestruturação Financeira:

Antes de mergulhar nos detalhes, é essencial compreender a importância da reestruturação financeira. Este capítulo abordará estratégias e técnicas para reequilibrar suas finanças, otimizar recursos e garantir a sustentabilidade de longo prazo.

Avaliação Abrangente das Finanças:

Como um médico que realiza um check-up completo, você avaliará cada aspecto das finanças da empresa. Analisará receitas, despesas, fluxo de caixa, endividamento e rentabilidade. Essa análise fornecerá uma visão clara da saúde financeira atual.

Identificação e Priorização de Dívidas:

Assim como um cirurgião que identifica as áreas críticas para intervenção, você identificará as dívidas mais urgentes e onerosas. Priorizará ações para lidar com essas dívidas, seja refinanciando, renegociando ou consolidando, para aliviar a pressão financeira.

Desenvolvimento de um Plano de Redução de Custos:

Como um planejador meticuloso, você desenvolverá um plano abrangente para reduzir custos operacionais. Isso pode envolver a otimização de processos, eliminação de desperdícios e reavaliação de gastos não essenciais. O objetivo é fortalecer a margem de lucro.

Gestão de Fluxo de Caixa:

Assim como um gestor que monitora o batimento cardíaco, você gerenciará o fluxo de caixa da empresa com precisão. Isso inclui a projeção de entradas e saídas de dinheiro, garantindo que haja capital disponível para atender às obrigações financeiras.

Exploração de Fontes de Financiamento Alternativas:

Como um pesquisador que busca soluções inovadoras, você explorará fontes de financiamento alternativas, como investidores, parcerias estratégicas ou até mesmo crowdfunding. Essas opções podem injetar o capital necessário para impulsionar a recuperação.

Conclusão:

A reestruturação financeira é como uma operação delicada para restaurar a saúde da sua empresa. Cada decisão que você toma é um passo em direção a uma base financeira sólida e sustentável. Assim como um cirurgião experiente, você está preparado para tomar as medidas necessárias para revitalizar sua empresa e garantir seu sucesso contínuo no mercado.

Corte de Despesas Desnecessárias

N este capítulo, você se beneficiará de um movimento financeiro, removendo cuidadosamente as despesas desnecessárias que podem prejudicar a saúde financeira de sua empresa. Assim como um médico que remove um tumor, você cortará os excessos para fortalecer a vitalidade de sua organização.

Identificação de Despesas Desnecessárias:

Como um detetive que segue as pistas, você identificará todas as despesas que não são diretamente afetadas para o crescimento ou operação essencial da empresa. Isso pode incluir gastos redundantes, serviços subutilizados ou recursos não essenciais.

Avaliação de Impacto e Priorização:

Assim como um médico avalia o risco de diferentes procedimentos, você avaliará o impacto de cada corte de despesa. Algumas despesas serão mais simples de cortar do que outras, portanto, priorizarão com base no impacto financeiro e operacional.

Estratégias de Corte Inteligente:

Como um estrategista habilidoso, você desenvolverá estratégias para cortar despesas sem comprometer a qualidade ou eficiência. Isso pode envolver renegociação de contratos, mudanças em fornecedores ou otimização de processos para reduzir custos.

Comunicação Interna e Engajamento:

Assim como um médico que explica o procedimento a um paciente, você comunicará com clareza as razões por trás dos cortes de despesas para sua equipe. Manter a transparência e o envolvimento pode minimizar a resistência e garantir que todos compreendam a necessidade dos cortes.

Monitoramento Contínuo:

Como um médico que monitora a recuperação de um paciente, você acompanhará de perto os resultados dos cortes de despesas. Isso permitirá que você avalie o impacto real e os ajustes de fachada conformes necessários.

Conclusão:

O corte de despesas é como eliminar o peso extra para tornar sua empresa mais ágil e saudável. Cada despesa cortada é um passo em direção a uma saúde financeira mais robusta. Assim como uma experiência de movimentação, você está pronto para realizar os cortes necessários com precisão e cuidado, garantindo a recuperação e sustentabilidade de sua organização.

Avaliação de Todos os Custos Operacionais

Neste capítulo, você assumirá o papel de um auditor minucioso, examinando todos os cantos de sua empresa para avaliar todos os custos operacionais. Assim como um examinador forense que segue as trilhas de evidências, você analisará detalhadamente cada aspecto dos gastos operacionais.

Identificação de Todos os Custos:

Como um arqueólogo que escava com cuidado, você identificará todos os custos associados às operações da empresa. Isso envolve categorias como pessoal, infraestrutura, tecnologia, marketing, logística e outros componentes que são abordados para os custos operacionais.

Análise de Eficiência e Necessidade:

Assim como um cientista que avalia cada molécula, você analisará a eficiência e a necessidade de cada custo operacional. Consulte se cada gasto é essencial para a operação ou se há oportunidades de otimização.

Identificação de Oportunidades de Economia:

Como um economista que busca maneiras de maximizar, você identificará oportunidades de economia em cada área. Isso pode envolver negociações com fornecedores, automação de processos, otimização de equipes ou redução de desperdícios.

Priorização de Ações:

Assim como um líder que define prioridades, você priorizará as ações com base na relação entre impacto e esforço. Algumas áreas podem exigir ação imediata, enquanto outras podem ser alvo de melhorias graduais.

Acompanhamento e Melhoria contínua:

Como um piloto que ajusta constantemente o curso, você acompanhará o impacto das mudanças inovadoras nos custos operacionais. Esteja pronto para ajustar suas estratégias com base nos resultados reais.

Conclusão:

A avaliação de todos os custos operacionais é como limpar uma lousa para criar uma base sólida. Cada custo estudado é uma oportunidade para melhorar a eficiência e fortalecer as finanças de sua empresa. Assim como um examinador minucioso, você está pronto para identificar e melhorar cada aspecto dos custos operacionais, garantindo uma gestão financeira mais eficaz e saudável.

Eliminação de Despesas Não Essenciais

Neste capítulo, você se tornará um movimento financeiro implacável, removendo as despesas não essenciais que podem estar comprometendo a saúde financeira de sua empresa. Assim como um mecanismo que remove um apêndice inflamado, você eliminará os elementos que não são recomendados para o funcionamento eficiente da organização.

Identificação de Despesas Não Essenciais:

Como um examinador detalhado, você identificará todas as despesas que não são absolutamente necessárias para as operações essenciais da empresa. Isso inclui gastos que não têm impacto direto na qualidade do produto ou serviço oferecido.

Análise de Relevância e Valor Agregado:

Assim como um avaliador de arte que distingue entre peças autênticas e reproduções, você analisará a relevância e o valor agregado de cada despesa não essencial. Pergunte-se se cada gasto contribuiu significativamente para a missão da empresa.

Eliminação Gradual ou Imediata:

Como um planejador estratégico, você determinará se a eliminação das despesas não essenciais será um processo gradual ou imediato. Algumas despesas podem ser cortadas rapidamente, enquanto outras podem exigir um plano de transição.

Comunicação e Transparência:

Assim como um médico que explica o procedimento a um paciente, você comunicará os motivos por trás da eliminação de despesas não essenciais para sua equipe. Manter uma comunicação transparente pode minimizar preocupações e resistências.

Acompanhamento e Avaliação de Resultados:

Como um líder que monitora o progresso, você acompanhará os resultados da eliminação de despesas não essenciais. Isso permitirá avaliar o impacto financeiro e operacional e fazer ajustes conforme necessário.

Conclusão:

A eliminação de despesas não essencial é como cortar os galhos mortos para permitir que uma árvore cresça mais forte. Cada despesa que você elimina é um passo em direção a uma operação mais extensa e eficiente. Assim como um movimento financeiro implacável, você está pronto para tomar decisões estratégicas que fortalecerão a saúde financeira de sua empresa.

Renegociação de Dívidas

Neste capítulo, você se tornará um negociador habilidoso, trabalhando para aliviar o fardo das dívidas que podem estar pesando sobre a saúde financeira de sua empresa. Assim como um diplomata que busca acordos vantajosos, você buscará renegociar dívidas de forma formal.

Avaliação de Dívidas Existentes:

Como um detetive financeiro, você avaliará todas as dívidas existentes da empresa, incluindo empréstimos, financiamentos e linhas de crédito. Compreender os detalhes de cada dívida é crucial para uma renegociação bem-sucedida.

Pesquisa de Opções de Renegociação:

Assim como um pesquisador que coleta informações valiosas, você investigará as diferentes opções de renegociação disponíveis. Isso pode incluir a renegociação de taxas de juros, prazos de pagamento ou até mesmo a consolidação de várias dívidas.

Desenvolvimento de Propostas:

Como um estrategista que constrói argumentos sólidos, você desenvolverá propostas convincentes para apresentar aos credores. Essas propostas devem demonstrar seu comprometimento em cumprimento das obrigações financeiras de maneira realista.

Negociação Hábil:

Assim como um negociador experiente, você se envolverá em negociações habilidosas com os credores. Estará preparado para defender seus interesses enquanto busca um acordo adicional benéfico.

Implementação de Acordos:

Como um executor eficaz, você implementará os acordos de renegociação com rigor. Isso pode envolver a restrição de pagamentos, a assinatura de novos termos ou a consolidação das dívidas.

Conclusão:

A renegociação de dívidas é como encontrar um terreno comum em um cenário complexo. Cada acordo alcançado é um passo em direção a uma base financeira mais sólida e sustentável. Assim como um negociador habilidoso, você está pronto para buscar soluções que aliviem o peso das dívidas e fortaleçam a saúde financeira de sua empresa.

Contato com Credores para Renegociação de Termos

N este capítulo, você se tornará uma diplomata financeira, estabelecendo contatos práticos com os credores para renegociar os termos de dívidas. Assim como um negociador que constrói pontes, você criará um espaço para discutir opções mutuamente benéficas.

Preparação de Abordagem:

Como um estrategista meticuloso, você preparará uma abordagem sólida antes de entrar em contato com os credores. Isso envolve entender a situação financeira da empresa, definir metas claras de renegociação e reunir informações que sustentam suas propostas.

Comunicação Clara e Profissional:

Assim como um comunicador habilidoso, você se comunicará com os credores de maneira clara e profissional. Explicará a necessidade de renegociação, os desafios enfrentados pela empresa e as opções que você gostaria de discutir.

Apresentação de Propostas:

Como um defensor persuasivo, você apresentará suas propostas de renegociação de forma convincente. Destacará como os ajustes propostos podem ser benéficos para ambas as partes, demonstrando seu comprometimento no cumprimento das obrigações.

Negociação Empática:

Assim como um ouvinte atento, você se esforçará para compreender os pontos de vista dos credores. Estará aberta a investigação e ajustes, buscando um terreno comum que atenda às necessidades da empresa e seja aceitável para os credores.

Confirmação e Implementação:

Como um executor eficaz, você confirmará os termos acordados por escrito e garantirá que sejam instalados conforme planejado. Manter uma comunicação constante com os credores é fundamental para garantir que ambas as partes cumpram sua parte no acordo.

Conclusão:

O contato com os credores para renegociação de termos é como construir pontes de entendimento e colaboração. Cada acordo alcançado é um passo em direção a um caminho mais estável para a recuperação financeira. Assim como um diplomata financeiro, você está pronto para encontrar soluções vantajosas para ambas as partes e fortalecer a saúde financeira de sua empresa.

Exploração de Opções de Consolidação de Dívidas

Neste capítulo, você se tornará um estrategista financeiro, explorando as opções de obrigações de dívida para simplificar e aliviar a carga das obrigações financeiras de sua empresa. Assim como um arquiteto que redesenha um edifício, você encontrará maneiras de reorganizar suas dívidas para um melhor equilíbrio.

Compreensão das Dívidas Atuais:

Como um pesquisador experiente, você obterá uma compreensão completa das dívidas existentes da empresa. Isso envolve identificar todas as dívidas, seus termos, taxas de juros e prazos de pagamento.

Exploração de Opções de Consolidação:

Assim como um explorador que mapeia terras desconhecidas, você explorará diferentes opções de investimentos de dívidas. Isso pode incluir a possibilidade de consolidar várias dívidas em uma única, potencialmente com taxas de juros mais baixas e prazos mais adequados.

Comparação de Vantagens e Desvantagens:

Como um analista criterioso, você comparará as vantagens e vantagens de cada opção de consolidação. Avaliará fatores como economia potencial, simplificação de pagamentos e possíveis impactos na saúde financeira.

Desenvolvimento de Plano de Consolidação:

Assim como um planejador meticuloso, você desenvolverá um plano detalhado para as consolidações de dívidas escolhidas. Isso envolve determinar quais dívidas serão consolidadas, como o processo será executado e como os pagamentos serão ajustados.

Negociação e Implementação:

Como um negociador habilidoso, você entrará em contato com os credores para negociar os termos de investimento. Uma vez acordados os detalhes, implementaremos o plano de consolidação de maneira organizada e oportuna.

Conclusão:

A exploração de opções de obrigações de dívida é como remodelar uma estrutura para torná-la mais estável. Cada decisão tomada é um passo em direção a uma estrutura financeira mais organizada e gerenciável. Assim como um estrategista financeiro, você está pronto para redesenhar as dívidas de sua empresa para um melhor equilíbrio e saúde financeira.

Busca por Investimentos

Neste capítulo, você se tornará um estrategista financeiro, explorando oportunidades de investimento para injetar capital em sua empresa e fortalecer sua base financeira. Assim como um caçador que busca tesouros escondidos, você buscará fontes de financiamento externo para apoiar sua recuperação.

Avaliação das Necessidades de Investimento:

Como um analista experiente, você avaliará as necessidades de investimento da empresa. Isso envolve identificar áreas onde o capital é necessário para contribuir o crescimento, financiar novas iniciativas ou melhorar a infraestrutura.

Exploração de Diferentes Fontes de Investimento:

Assim como um explorador que busca caminhos diferentes, você explorará várias fontes de investimento. Isso pode incluir investidores anjo, fundos de capital de risco, empréstimos bancários ou até mesmo investimentos de sócios estratégicos.

Preparação de Propostas de Investimento:

Como um apresentador experiente, você desenvolverá propostas de investimento sólidas para atrair investidores potenciais. Essas propostas devem destacar a visão da empresa, oportunidades de crescimento e os possíveis retornos do investimento.

Negociação Hábil:

Assim como um negociador astuto, você se envolverá em negociações hábeis com potenciais investidores. Estará preparado para discutir termos, condições e possíveis acordos que beneficiem ambas as partes.

Análise de Riscos e Benefícios:

Como um analista ponderado, você avaliará os riscos e benefícios de cada oportunidade de investimento. Isso ajuda a tomar decisões informadas sobre quais investimentos são mais alinhados com os objetivos da empresa.

Conclusão:

A busca por investimentos é como descobrir uma fonte de energia renovável para sua empresa. Cada investimento que você atrai é um passo em direção a uma base financeira mais robusta e capacidade de crescimento sustentável. Assim como um estrategista financeiro, você está pronto para explorar novas oportunidades de investimento e fortalecer a saúde financeira de sua empresa.

Preparação de Propostas para Investidores Potenciais

N este capítulo, você se transformará em um contador de histórias financeiras, criando propostas que cativarão investidores em potencial. Assim como um narrador habilidoso, você construirá uma narrativa convincente que ressoará com os investidores e os motivará a apoiar sua empresa.

Identificação dos Pontos Fortes da Empresa:

Como um detetive que coleta pistas, você identificará os pontos fortes únicos da sua empresa. Isso pode incluir sua proposta de valor, vantagens competitivas, histórico de sucesso ou equipe talentosa.

Compreensão das Necessidades dos Investidores:

Assim como um psicólogo que atende os desejos dos pacientes, você se colocará no lugar dos investidores para entender suas necessidades e expectativas. Isso permitirá que você adapte sua proposta para atender às preocupações deles.

Elaboração de uma Narrativa Atraente:

Como um autor que tece uma trama envolvente, você elaborará uma narrativa que conecta os pontos fortes da empresa às necessidades dos investidores. Isso envolve apresentar a visão da empresa, do mercado-alvo, das oportunidades de crescimento e dos possíveis retornos do investimento.

Detalhamento dos Termos e Condições:

Assim como um advogado que elabora contratos claros, você detalhará os termos e condições de investimento. Isso inclui informações sobre a participação acionária, potenciais dividendos, prazos de retorno e outros aspectos financeiros relevantes.

Inclusão de Projeções Realistas:

Como um analista de futuro, você incluirá projeções realistas de desempenho financeiro da empresa. Isso dará aos investidores uma visão de potencial de crescimento e retorno sobre o investimento.

Conclusão:

A preparação de propostas para investidores potenciais é como contar uma história que inspira confiança e entusiasmo. Cada palavra escolhida é um passo em direção a atração de apoio financeiro que fortalecerá sua empresa. Assim como um contador de histórias financeiras, você está pronto para criar uma narrativa convincente que conquiste o interesse e o apoio dos investidores em potencial.

Exploração de Incentivos Governamentais e Subsídios

Neste capítulo, você se tornará um pesquisador de oportunidades, explorando os incentivos e subsídios oferecidos pelo governo para fortalecer a saúde financeira de sua empresa. Assim como um explorador que busca tesouros ocultos, você descobrirá fontes adicionais de apoio financeiro.

Identificação de Incentivos Disponíveis:

Como um detetive minucioso, você identificará os incentivos governamentais e subsídios disponíveis para empresas do seu setor. Isso pode incluir programas de apoio financeiro, reduções de impostos, subsídios para pesquisa e desenvolvimento, entre outros.

Avaliação de Elegibilidade e Benefícios:

Assim como um avaliador de oportunidades, você avaliará se sua empresa atenderá aos critérios de elegibilidade para esses incentivos. Além disso, determinará como esses incentivos podem beneficiar suas finanças e operações.

Preparação de Documentação e Candidatura:

Como um redator meticuloso, você preparará a documentação necessária para se candidatar a esses incentivos. Isso pode envolver a apresentação de propostas, projeções financeiras e outras informações relevantes.

Negociação e Aprovação:

Assim como um negociador experiente, você pode se envolver em discussão com representantes públicos para detalhes específicos e garantir o benefício máximo. Após a aprovação, você garantirá que os termos serão cumpridos conforme acordado.

Aproveitamento de Oportunidades Futuras:

Como um estrategista prospectivo, você se manterá atualizado sobre as oportunidades de incentivos governamentais que podem surgir no futuro. Isso permitirá que a sua empresa continue a ser beneficiária de apoio financeiro a longo prazo.

Conclusão:

A exploração de incentivos governamentais e subsídios é como encontrar um oásis de apoio financeiro no deserto. Cada incentivo que você aproveita é um passo em direção a uma base financeira mais robusta e diversificada. Assim como um caçador de tesouros, você está pronto para explorar e aproveitar as oportunidades oferecidas pelos incentivos governamentais para fortalecer sua empresa.

Conclusão e Resumo

Neste capítulo, você mergulhou na arte da reestruturação financeira, abordando áreas cruciais para revigorar a saúde financeira de sua empresa. Você desempenha diversos cargos, desde um negociador habilitado até um contador de histórias financeiras, aplicando abordagens específicas para lidar com despesas, dívidas, investimentos e incentivos governamentais.

Resumo das Ações Tomadas:

Corte de Despesas Desnecessárias: Como um acordo habilitado, você concorda e elimina gastos supérfluos, aliviando a pressão financeira sobre a empresa.

Análise de Todos os Custos Operacionais: Assumindo o papel de um auditor minucioso, examina todos os aspectos dos custos operacionais, otimizando a eficiência financeira.

Exploração de Opções de Consolidação de Dívidas: Como estrategista, reorganizou as dívidas, equilibrando a carga financeira e melhorando a liquidez.

Busca por Investimentos: Agindo como um caçador de oportunidades, explorou fontes externas de financiamento para fortalecer a base financeira da empresa.

Preparação de Propostas para Investidores Potenciais: Transformando-se em um contador de histórias financeiras, criou narrativas convincentes para atrair investidores em potencial.

Exploração de Incentivos Governamentais e Subsídios: Como pesquisador de oportunidades, descobriu formas adicionais de apoio financeiro por meio de incentivos governamentais.

A reestruturação financeira é um processo dinâmico que exige uma abordagem estratégica e multifacetada. Ao implementar as estratégias discutidas neste capítulo, você está pavimentando o caminho para uma recuperação sólida e sustentável de sua empresa. Cada ação tomada representa um passo em direção a uma base financeira mais robusta, pronta para enfrentar os desafios e prosperar no futuro. Assim como um maestro orquestrando uma sinfonia, você está direcionando sua empresa para uma futura promessa financeira.

CAPÍTULO 4: INOVAÇÃO E ADAPTAÇÃO

N este capítulo, você explorará o mundo da inovação e da adaptação, descobrindo como esses elementos podem pavimentar o caminho para um futuro mais promissor para sua empresa. Assim como um arquiteto que projeta um edifício flexível, você criará uma base sólida para enfrentar desafios e explorar oportunidades.

Identificação de Oportunidades de Inovação:

Como um explorador de ideias, você identificará áreas onde a inovação pode gerar novos produtos, serviços ou processos. Manter-se atento às mudanças no mercado e às necessidades dos clientes será fundamental para direcionar sua abordagem.

Estímulo à Criatividade na Equipe:

Assim como um líder inspirador, você incentivará a criatividade e a geração de ideias inovadoras entre sua equipe. Isso pode envolver sessões de brainstorming, workshops ou até mesmo a criação de um ambiente de trabalho que nutra a criatividade.

Desenvolvimento de Novos Produtos e Serviços:

Como um construtor visionário, você transformará ideias inovadoras em produtos e serviços tangíveis. Investiremos em pesquisa e desenvolvimento, testes e prototipagem para trazer novidades ao mercado, mantendo-se à frente da concorrência.

Adaptação às Mudanças de Mercado:

Semelhante a um camaleão ágil, você se adaptará rapidamente às mudanças de mercado. Acompanharemos tendências, comportamentos dos consumidores e movimentos da concorrência para ajustar suas estratégias e permanecer relevantes.

Implementação de Tecnologias Destrutivas:

Como um pioneiro tecnológico, explorará tecnologias destrutivas que podem transformar a maneira como sua empresa opera. Isso envolverá a adoção de automação, inteligência artificial, análise de dados e outras inovações que podem contribuir para a eficiência e a competitividade.

Avaliação de Riscos e Benefícios da Inovação:

Como um estrategista perspicaz, você avaliará os riscos e benefícios de cada iniciativa inovadora. Estará preparado para enfrentar possíveis desafios, enquanto mantém um olhar atento às oportunidades que podem surgir no horizonte.

Conclusão:

A inovação e a adaptação são como as forças que impulsionam sua empresa além dos desafios e limitações. A cada passo em direção à inovação, você cria uma oportunidade para se destacar no mercado e criar um impacto duradouro. Assim como um arquiteto que projeta um edifício flexível, você está moldando uma base sólida para o futuro promissor de sua empresa.

Adoção de Novas Tecnologias

Neste capítulo, você se transformará em um líder tecnológico, explorando como a adoção de novas tecnologias pode contribuir para sua empresa para o futuro. Assim como um capitão que navega em mares desconhecidos, você guiará sua empresa na direção das oportunidades tecnológicas.

Identificação de Necessidades Tecnológicas:

Como um investigador detalhado, você identificará as áreas em que a adoção de novas tecnologias pode trazer benefícios para a empresa. Isso pode incluir melhorias na eficiência operacional, atendimento ao cliente aprimorado ou desenvolvimento de produtos inovadores.

Pesquisa e Avaliação de Soluções Tecnológicas:

Assim como um cientista que experimenta diferentes fórmulas, você pesquisará e avaliará várias soluções tecnológicas disponíveis no mercado. Isso permitirá que você tome decisões informadas sobre quais tecnologias são mais adequadas às necessidades e objetivos da empresa.

Planejamento e Implementação gradual:

Como um estrategista experiente, você desenvolverá um plano detalhado para a implementação gradual de novas tecnologias. Isso envolverá definir metas claras, cronogramas realistas e a alocação de recursos necessários para uma transição suave.

Treinamento e Capacitação da Equipe:

Assim como um treinador esportivo, você fornecerá treinamento e capacitação à equipe para garantir que todos estejam familiarizados e confortáveis com as novas tecnologias. Isso é fundamental para maximizar os benefícios das ferramentas inovadoras.

Acompanhamento e Ajustes constantes:

Semelhante a um piloto que faz ajustes conforme as condições do voo, você acompanhará de perto a implementação das novas tecnologias. Estará pronto para fazer os ajustes necessários e garantir que os resultados desejados sejam alcançados.

Conclusão:

A adoção de novas tecnologias é como equipar sua empresa com ferramentas avançadas para navegar no mundo moderno. Cada tecnologia que você adota é um passo em direção a uma operação mais eficiente, inovadora e competitiva. Assim como um líder tecnológico, você está moldando o futuro da sua empresa, capacitando-a para enfrentar os desafios e explorar as oportunidades que a era digital oferece.

Identificação de Soluções Tecnológicas para Otimização

Neste capítulo, você assumirá o papel de um explorador digital, buscando soluções tecnológicas que possam otimizar e aprimorar as operações de sua empresa. Como um caçador de tesouros tecnológicos, você identificará ferramentas específicas para obter eficiência e competitividade.

Mapeamento de Processos e Fluxos de Trabalho:

Como um cartógrafo de processos, você mapeará detalhadamente os processos e fluxos de trabalho existentes na empresa. Isso permitirá identificar áreas onde a tecnologia pode trazer melhorias significativas, tornando os processos mais ágeis e eficazes.

Identificação de Pontos de Ineficiência:

Assim como um investigador minucioso, você identificará os pontos de ineficiência nos processos atuais. Isso pode incluir gargalos, atrasos e tarefas repetitivas que podem ser otimizadas com soluções tecnológicas, resultando em economia de tempo e recursos.

Pesquisa de Ferramentas Tecnológicas:

Como um pesquisador ávido, você explorará o mercado em busca de ferramentas e softwares que possam abordar as áreas indicadas para otimização. Isso pode incluir sistemas de automação, plataformas de gerenciamento, análise de dados avançada e muito mais.

Avaliação de Benefícios e ROI:

Como analista financeiro, você avaliará os benefícios potenciais de cada solução tecnológica em relação ao investimento necessário. Isso permitirá tomar decisões informadas sobre quais ferramentas adotar, considerando os retornos financeiros e operacionais.

Planejamento de Implementação:

Assim como um arquiteto de projetos, você desenvolverá um plano detalhado para a implementação das soluções tecnológicas escolhidas. Isso envolverá uma definição de metas claras, cronogramas realistas e uma alocação adequada de recursos para garantir uma transição suave.

Conclusão:

A identificação de soluções tecnológicas para otimização é como descobrir uma nova rota que leva a resultados mais eficientes e eficazes. Cada tecnologia empregada é um passo em direção a uma operação mais ágil, produtiva e modernizada. Como um líder tecnológico, você está moldando um futuro inovador para sua empresa, onde a tecnologia é uma aliada estratégica no alcance de seus objetivos.

Automação de Processos para Eficiência Operacional

Neste capítulo, você assumirá o papel de um engenheiro de automação, explorando como a automação de processos pode revolucionar a eficiência operacional de sua empresa. Como um maestro tecnológico, você conduzirá uma sinfonia de automação para alcançar um desempenho otimizado.

Avaliação de Processos para Automação:

Como um auditor experiente, você avaliará minuciosamente os processos existentes na empresa. Identificará tarefas repetitivas, manuais e propostas a erros que podem ser otimizadas por meio da automação, liberando recursos humanos para tarefas mais estratégicas.

Seleção de Ferramentas de Automação:

Assim como um coletor de ferramentas especializadas, você selecionará as tecnologias de automação mais adequadas para as necessidades da empresa. Isso pode incluir softwares de fluxo de trabalho, robôs de automação e sistemas de gerenciamento de processos.

Integração de Sistemas:

Como um arquiteto de integração, você garantirá que as soluções de automação se integrem perfeitamente aos sistemas existentes na empresa. Isso evitará interrupções e garantirá uma transição suave para os novos processos automatizados.

Desenvolvimento e Testes:

Como um engenheiro inovador, você desenvolverá e testará os fluxos de automação, garantindo que eles funcionem de acordo com as especificações. Isso pode envolver a criação de fluxos de trabalho automatizados e a realização de testes rigorosos para garantir a eficácia.

Treinamento da Equipe:

Assim como um mentor tecnológico, você treinará uma equipe para usar as ferramentas de automação de maneira eficaz. Isso garantirá que todos compreendam os processos automatizados, maximizando os benefícios da automação.

Conclusão:

A automação de processos é como liberar uma força produtiva adicional em sua empresa. Cada tarefa automatizada é um passo em direção a uma operação mais eficiente, redução de erros e um ambiente de trabalho mais focado em tarefas estratégicas. Como um líder de automação, você está moldando um futuro onde a tecnologia é uma aliada poderosa na busca pela excelência operacional.

Lançamento de Novos Produtos/Serviços

Neste capítulo, você se transformará em um visionário inovador, explorando como o lançamento de novos produtos ou serviços pode contribuir para o crescimento de sua empresa. Como um arquiteto de oportunidades, você projetará o cenário para o sucesso, apresentando ofertas frescas no mercado.

Pesquisa de Mercado e Identificação de Demandas:

Como um detetive de mercado, você conduzirá pesquisas elaboradas para identificar lacunas e demandas não atendidas. Isso fornecerá informações cruciais para o desenvolvimento de produtos ou serviços que realmente ressoem com os clientes.

Conceituação e Desenvolvimento de Ideias:

Assim como um criativo incansável, você reunirá uma equipe multidisciplinar para gerar e desenvolver ideias para novos produtos ou serviços. O brainstorming e a prototipagem podem ser suas ferramentas-chave nesse processo.

Testes e Refinamento:

Como um engenheiro meticuloso, você conduzirá testes específicos nos protótipos para garantir que atendem aos padrões de qualidade e às expectativas dos clientes. A partir dos resultados, serão feitos refinamentos necessários.

Estratégia de Lançamento:

Como um estrategista perspicaz, você criará uma estratégia de lançamento abrangente. Isso envolve definir os canais de marketing, planos de comunicação, datas de lançamento e até mesmo considerar possíveis cenários.

Comunicação Efetiva:

Assim como um comunicador habilitado, você comunicará o novo produto ou serviço de maneira envolvente para seu público-alvo. Utilizará canais de marketing, mídia social, conteúdo online e outros meios para criar expectativa e interesse.

Conclusão:

O lançamento de novos produtos ou serviços é como inaugurar uma nova era para sua empresa. Cada um que você apresenta ao mercado é um passo em direção a maior visibilidade, crescimento e sucesso através de novidades sustentáveis. Como um líder de lançamentos, você está moldando um futuro onde a inovação é o motor do progresso de sua empresa.

Pesquisa de Mercado para identificar Lacunas

Neste capítulo, você assumirá o papel de um pesquisador incansável, explorando a importância da pesquisa de mercado detalhada para identificar lacunas e oportunidades. Como um explorador do mercado, você encontrará insights valiosos que direcionarão o desenvolvimento de novos produtos ou serviços.

Definição de Objetivos de Pesquisa:

Como estrategista, você definirá os objetivos específicos da pesquisa. Isso pode incluir identificar tendências, compreender as necessidades dos clientes ou explorar possíveis nichos de mercado.

Coleta de Dados Diversificados:

Assim como um coletor de informações, você reunirá dados de fontes diversas. Isso pode envolver pesquisas de opinião, análise de concorrência, entrevistas com clientes e análise de dados do setor.

Análise de Tendências e Comportamentos:

Como um analista experiente, você identificará as tendências emergentes no mercado e os comportamentos dos consumidores. Essas informações fornecem insights importantes sobre onde as lacunas podem estar surgindo.

Identificação de Necessidades não Atendidas:

Assim como um detetive de necessidades, você encontra as áreas em que os clientes têm necessidades não atendidas. Isso pode ser feito por meio de feedback direto, análise de comentários e observação cuidadosa do mercado.

Análise de Concorrência e Benchmarking:

Como um estrategista competitivo, você analisará a concorrência para identificar suas forças e fraquezas. Isso pode revelar oportunidades de inovação ou áreas onde sua empresa pode se destacar.

Conclusão:

Uma pesquisa de mercado detalhada é como abrir uma porta para um mundo de oportunidades ocultas. Cada dado coletado e cada insight descoberto é um passo na direção de produtos ou serviços que atendem verdadeiramente às necessidades dos clientes. Seja um líder perspicaz na busca por insights que contribuam para o crescimento sustentável de sua empresa.

Pesquisa de Mercado para identificar Lacunas

N este capítulo, você assumirá o papel de um pesquisador incansável, explorando a importância da pesquisa de mercado detalhada para identificar lacunas e oportunidades. Como um explorador do mercado, você encontrará insights valiosos que direcionarão o desenvolvimento de novos produtos ou serviços.

Definição de Objetivos de Pesquisa:

Como estrategista, você definirá os objetivos específicos da pesquisa. Isso pode incluir identificar tendências, compreender as necessidades dos clientes ou explorar possíveis nichos de mercado.

Coleta de Dados Diversificados:

Assim como um coletor de informações, você reunirá dados de fontes diversas. Isso pode envolver pesquisas de opinião, análise de concorrência, entrevistas com clientes e análise de dados do setor.

Análise de Tendências e Comportamentos:

Como um analista experiente, você identificará as tendências emergentes no mercado e os comportamentos dos consumidores. Essas informações fornecem insights importantes sobre onde as lacunas podem estar surgindo.

Identificação de Necessidades não Atendidas:

Assim como um detetive de necessidades, você encontra as áreas em que os clientes têm necessidades não atendidas. Isso pode ser feito por meio de feedback direto, análise de comentários e observação cuidadosa do mercado.

Análise de Concorrência e Benchmarking:

Como um estrategista competitivo, você analisará a concorrência para identificar suas forças e fraquezas. Isso pode revelar oportunidades de inovação ou áreas onde sua empresa pode se destacar.

Conclusão:

Uma pesquisa de mercado detalhada é como abrir uma porta para um mundo de oportunidades ocultas. Cada dado coletado e cada insight descoberto é um passo na direção de produtos ou serviços que atendem verdadeiramente às necessidades dos clientes. Seja um líder perspicaz na busca por insights que contribuam para o crescimento sustentável de sua empresa.

Exploração de Novos Canais de Venda

Neste capítulo, você se tornará um explorador de oportunidades de vendas, descobrindo como a exploração de novos canais pode expandir a presença de sua empresa no mercado. Como um comercial pioneiro, você abrirá novas rotas para alcançar e atender seus clientes.

Análise do Mercado e Público-Alvo:

Como um analista perspicaz, você analisará o mercado em busca de oportunidades não exploradas. Identificará segmentos de clientes que podem ser realizados por meio de canais diferentes.

Identificação de Canais Emergentes:

Assim como um caçador de tendências, você identificará canais de venda emergentes que se alinham às necessidades dos clientes e às características do seu produto ou serviço.

Parcerias Estratégicas:

Como estrategista de alianças, você buscará parcerias estratégicas que possam ampliar seu alcance. Isso pode incluir colaborações com outras empresas, marketplaces online ou distribuidores.

Integração com Plataformas Digitais:

Assim como um tecnólogo, você explorará plataformas digitais que permitem a venda online, como e-commerce, aplicativos de compra e redes sociais. Integrar essas plataformas pode abrir novas oportunidades de venda.

Testes e Adaptações:

Como um experimentador, você testará a eficácia dos novos canais por meio de lançamentos piloto. Com base nos resultados, faremos ajustes para maximizar o desempenho.

Conclusão:

A exploração de novos canais de venda é como desbravar territórios desconhecidos para encontrar novas audiências. Cada canal que você incorpora é um caminho adicional para conectar-se com seus clientes e ampliar a presença de sua empresa. Ao se tornar um pioneiro na busca por oportunidades de venda, você estará abrindo portas para um crescimento sustentável e uma presença mais forte no mercado.

Criação de uma Presença Robusta de E-commerce

Neste capítulo, você se transformará em um arquiteto digital, explorando como construir uma presença forte no ambiente de e-commerce. Como um construtor de comércio eletrônico, você encontrará uma plataforma sólida para expandir os horizontes de sua empresa.

Planejamento Estratégico:

Como um estrategista visionário, você desenvolverá um plano estratégico detalhado para a presença do e-commerce. Isso envolve definir metas, escopo do projeto e as etapas para a implementação.

Escolha da Plataforma:

Assim como um pesquisador de ferramentas, você escolherá uma plataforma de e-commerce que atenda às necessidades de sua empresa. Isso pode envolver opções como Shopify, WooCommerce, Magento, entre outras.

Design Atraente e Intuitivo:

Como um designer de experiência, você criará uma interface de usuário atraente e intuitiva para seu site de e-commerce. A experiência do cliente é fundamental para o sucesso das vendas online.

Seleção de Produtos e Categorias:

Assim como um curador, você selecionará os produtos e categorias que serão apresentados no e-commerce. Isso requer uma compreensão profunda das preferências e necessidades de seus clientes.

Gestão de Pagamentos e Segurança:

Como um guardião da confiança, você implementará sistemas de pagamento seguros e confiáveis para garantir que as transações ocorram sem problemas e com segurança.

Estratégias de Marketing Digital:

Assim como um estrategista de marketing, você criará estratégias para promover sua presença no e-commerce. Isso pode incluir marketing de conteúdo, publicidade online, mídias sociais e outras táticas.

Conclusão:

A criação de presença uma robusta de e-commerce é como construir uma vitrine virtual aberta para o mundo inteiro. Cada decisão de design, cada produto apresentado e cada estratégia de marketing alta para uma experiência de compra online excepcional. Ao se tornar um arquiteto digital, você está moldando um ambiente onde os clientes podem explorar, escolher e comprar de maneira conveniente e confiável. Isso abre portas para um novo nível de alcance e sucesso para sua empresa no mundo digital.

Parcerias Estratégicas com Canais de Distribuição Alternativos

Neste capítulo, você se tornará um mestre de colaboração, explorando como as parcerias estratégicas com canais de distribuição alternativos podem expandir o alcance de sua empresa. Como um arquiteto de alianças, você construirá redes que abrirão novas portas para o sucesso.

Análise de Oportunidades de Distribuição:

Como um analista perspicaz, você identificará oportunidades de distribuição alternativas que possam complementar os canais existentes. Isso pode incluir parcerias com vendedores, distribuidores ou até mesmo empresas de logística.

Identificação de Parceiros Potenciais:

Assim como um investigador de talentos, você identificará parceiros potenciais que poderão oferecer canais de distribuição alternativos. Isso pode envolver pesquisa de mercado, networking e análise de concorrência.

Negociação de Termos e Acordos:

Como um negociador habilidoso, você negociará os termos e acordos das parcerias. Isso envolve estabelecer expectativas claras, estruturar contratos e garantir que ambos os lados sejam beneficiados.

Integração de Processos:

Assim como um engenheiro de integração, você trabalhará na integração dos processos de distribuição com os parceiros. Isso garantirá uma transição suave e eficiente.

Cooperação em Marketing e Promoção:

Como estrategista de marketing, você colaborará com os parceiros para desenvolver estratégias de marketing e promoção conjuntamente. Isso aumenta a visibilidade dos produtos ou serviços em novos canais.

Monitoramento e Avaliação:

Assim como um supervisor vigilante, você monitorará o desempenho das parcerias e avaliará os resultados. Estará preparado para fazer os ajustes necessários.

Conclusão:

As parcerias estratégicas com canais de distribuição alternativos são como abrir novas estradas para chegar aos seus clientes. Cada aliança que você forma é um passo em direção a um alcance mais amplo e uma distribuição mais eficaz de seus produtos ou serviços. Ao se tornar um arquiteto de alianças, você está construindo uma rede sólida que pode contribuir para o crescimento e o sucesso de sua empresa.

Neste capítulo, exploramos diversas estratégias para contribuir para a inovação e a adaptação em sua empresa. Da identificação de oportunidades de inovação à exploração de novos canais de venda, você se transformou em um líder ágil e estratégico, capaz de navegar com confiança nas águas turbulentas do mercado.

Identificação de Oportunidades de Inovação: Você se tornou um explorador de ideias, identificando áreas onde a inovação pode gerar novos produtos, serviços ou processos. Estar atento às mudanças no mercado e às necessidades dos clientes é fundamental.

Pesquisa de Mercado e Identificação de Demandas: Como um detetive de mercado, você conduziu pesquisas elaboradas para identificar lacunas e demandas não atendidas. Isso forneceu informações cruciais para o desenvolvimento de produtos ou serviços que realmente ressoam com os clientes.

Desenvolvimento de Novos Produtos e Serviços: Como um construtor visionário, você transformou ideias inovadoras em produtos e serviços concretos. Investiu em pesquisa e desenvolvimento, testes e prototipagem para trazer novidades ao mercado.

Exploração de Novos Canais de Venda: Como um comercial pioneiro, você abriu novas rotas para alcançar e atender seus clientes. Analisou oportunidades de distribuição alternativas e identificou parcerias estratégicas que expandiram o alcance de sua empresa.

Automação de Processos para Eficiência Operacional: Como um engenheiro de automação, você otimizou a eficiência operacional por meio da automação de processos. Identificou tarefas repetitivas e passíveis de erros, implementando soluções tecnológicas para melhorar a produtividade.

Adoção de Novas Tecnologias: Você se tornou um líder tecnológico, adotando novas tecnologias para melhorar as operações da empresa.

Identificou necessidades tecnológicas, pesquisou e avaliou soluções, e guiou a implementação gradual.

Cada estratégia apresentada neste capítulo contribuiu para a construção de um ambiente empresarial mais dinâmico e eficiente. Você se tornou um líder capaz de se adaptar às mudanças do mercado, identificar oportunidades e implementar soluções inovadoras. Cada passo que você deu o aproximou de um futuro próspero, onde a inovação e a adaptação são os pilares de sua jornada rumo ao sucesso.

CAPÍTULO 5:
ENGAJANDO A EQUIPE

N este capítulo, você mergulhará no mundo da liderança e construção de equipes, explorando como engajar e motivar sua equipe para alcançar os objetivos de revitalização da empresa. Você se tornará um líder inspirador, capaz de unir esforços e maximizar o potencial de cada membro da equipe.

Comunicação Transparente: Como um comunicador habilidoso, você estabelecerá uma cultura de comunicação aberta e transparente. Isso permitirá que os membros da equipe se sintam valorizados e informados sobre os desafios e conquistas da empresa.

Definição de Objetivos Claros: Assim como um arquiteto de metas, você definirá objetivos claros e alcançáveis para a equipe. Isso proporcionará um senso de direção e um senso de propósito compartilhado.

Delegação e Empoderamento: Como um líder confiante, você delegará responsabilidades e autoridades aos membros da equipe. Isso incentivará o crescimento individual e a capacidade de tomar decisões eficazes.

Reconhecimento e Recompensas: Assim como um incentivador, você considerará e recompensará o bom desempenho da equipe. Isso nutrirá um ambiente positivo e promoverá o comprometimento contínuo.

Desenvolvimento Profissional: Como mentor, você investirá no desenvolvimento profissional da equipe, oferecendo oportunidades de treinamento e crescimento. Isso não apenas aumentará a eficácia da equipe, mas também criará um senso de lealdade.

Fomento da Colaboração: Assim como um facilitador, você promoverá a colaboração e a troca de ideias entre os membros da equipe. Isso permitirá a geração de soluções criativas e a implementação eficiente das estratégias.

Conclusão: Engajar a equipe é como considerar as sementes da inovação e do sucesso. Cada ação que você toma para motivar, capacitar e apoiar seus colaboradores é um passo em direção a um ambiente de trabalho produtivo e unido, pronto para superar desafios e conquistar metas ambiciosas.

Comunicação Transparente

Neste capítulo, você mergulhará no mundo da liderança e construção de equipes, explorando como a comunicação transparente pode ser uma base para o engajamento e o sucesso de sua equipe. Você se tornará um líder inspirador, capaz de unir esforços e maximizar o potencial de cada membro da equipe.

Criação de um Ambiente Aberto:

Como um arquiteto de relações, você estabelecerá um ambiente em que a comunicação seja livre de barreiras. Isso permitirá que os membros da equipe expressem ideias, preocupações e sugestões sem hesitação.

Compartilhamento de Informações Relevantes:

Assim como um divulgador de conhecimento, você compartilhará informações relevantes sobre a empresa, seus objetivos e desafios. Isso manterá a equipe alinhada e ciente do panorama geral.

Feedback construtivo:

Como mentor de crescimento, você fornecerá feedback construtivo de forma regular. Isso ajudará os membros da equipe a identificar áreas de melhoria e aprimorar suas habilidades.

Reuniões Produtivas:

Assim como um mestre de interações, você conduzirá reuniões produtivas e eficientes, onde todos poderão participar e contribuir. Isso garantirá que as informações fluam de maneira eficaz.

Disponibilidade e Acessibilidade:

Como um líder acessível, você estará disponível para ouvir e conversar com os membros da equipe. Isso construirá confiança e permitirá que as questões sejam resolvidas de maneira oportuna.

Transparência sobre Decisões:

Assim como um líder transparente, você comunicará as decisões tomadas pela empresa e os motivos por trás delas. Isso mostrará que as escolhas são fundamentadas e que a equipe faz parte do processo.

Conclusão:

A comunicação transparente é como abrir as portas para um ambiente de trabalho colaborativo e produtivo. Cada palavra compartilhada, cada informação transmitida e cada diálogo aberto é um passo em direção a uma equipe engajada, alinhada e pronta para enfrentar os desafios de forma unida.

Compartilhamento Regular de Atualizações e Planos

Neste capítulo, você se tornará um maestro de informações, explorando como o compartilhamento regular de atualizações e planos pode fortalecer o engajamento de sua equipe. Como um comunicador estratégico, você manterá todas as orientações e motivações na direção aos objetivos da empresa.

Transparência sobre Metas e Objetivos:

Como um guia, você comunicará de forma clara as metas e objetivos da empresa. Isso garantirá que todos compreendam a visão e possam se dedicar a alcançá-la.

Atualizações de Progresso:

Assim como um cronista de conquistas, você compartilhará regularmente atualizações de progresso em relação às metas condicionais. Isso manterá a equipe informada sobre o avanço e motivada para continuar dando o seu melhor.

Apresentação de Planos Futuros:

Como um visionário, você apresentará os planos futuros da empresa. Isso permitirá que a equipe tenha uma visão de longo prazo e entenda como suas contribuições estão moldando o futuro.

Explicação de Decisões Estratégicas:

Assim como um narrador de escolhas, você explicará as decisões estratégicas tomadas pela liderança. Isso ajudará a equipe a entender o contexto por trás das decisões e a se sentir parte integrante do processo.

Fóruns de Discussão:

Como um facilitador, você criará oportunidades para fóruns de discussão, onde a equipe pode fazer perguntas, oferecer sugestões e expressar opiniões. Isso estimulará o envolvimento e a colaboração.

Feedback Bidirecional:

Assim como um ouvinte atento, você criará o feedback bidirecional, onde a equipe poderá fornecer insights e comentários sobre os planos e atualizações. Isso demonstrará que suas vozes são valorizadas.

Conclusão:

O compartilhamento regular de atualizações e planos é como construir uma ponte de confiança e engajamento entre a liderança e a equipe. Cada informação compartilhada, cada atualização transmitida e cada plano elaborado é um passo em direção a uma equipe alinhada, informada e motivada.

Incentivo à Comunicação Aberta entre Funcionários

Neste capítulo, você se transformará em um promotor de diálogo, mergulhando profundamente na arte de cultivar uma comunicação aberta e eficaz entre os membros da equipe. Como um facilitador de conexões, você construirá um ambiente onde o compartilhamento de ideias e conhecimentos fluirá naturalmente, fortalecendo a união e a colaboração de todo o grupo.

Criação de um Ambiente de Confiança:

Assim como um arquiteto de relações sólidas, você construirá um ambiente no qual os funcionários se sentirão confortáveis para expressar suas opiniões, sabendo que serão ouvidos com empatia e respeito. Essa base de confiança fomentará um sentimento de segurança, encorajando a comunicação sem barreiras.

Valorização de Perspectivas Diferentes:

Como um apreciador da riqueza na diversidade, você considerará a importância das diferentes perspectivas que cada membro da equipe traz consigo. Incentivará os funcionários a compartilhar suas visões únicas, enriquecendo assim a discussão e a tomada de decisões com uma variedade de insights.

Criação de Espaços para Discussões Informais:

Semelhante a um facilitador de encontros inspiradores, você criará espaços informais propícios para trocas de ideias, como cafés, grupos de discussão ou fóruns online. Esses ambientes descontraídos permitiram que os funcionários se envolvessem em conversas espontâneas e compartilhassem pensamentos de maneira mais livre.

Estímulo ao Feedback Construtivo:

Desempenhando o papel de incentivo ao crescimento contínuo, você inspirará os funcionários a oferecer feedback construtivo uns aos outros. Uma cultura de aprendizagem será promovida, levando a um ambiente onde todos buscam aprimorar suas habilidades e contribuir para o desenvolvimento coletivo.

Promoção de Sessões de Brainstorming:

Como um facilitador de criatividade, você organizará sessões de brainstorming, transformando-as em espaços de colaboração ativa. Os membros da equipe terão a oportunidade de compartilhar ideias de maneira coletiva, originando soluções inovadoras e criativas para os desafios enfrentados.

Reconhecimento da Contribuição de Todos:

Assim como um mestre em identificar talentos, você celebrará uma contribuição única de cada funcionário. Reconhecer publicamente suas contribuições, por menores que sejam, incentivará a participação ativa de todos e promoverá um senso de pertencimento e valorização.

Conclusão:

Incentivar a comunicação aberta entre os funcionários é como tecer uma rede intrincada de conexões que fortalece e solidifica a equipe. Cada conversa compartilhada, cada ideia debatida e cada feedback oferecido se transformam em blocos de construção para uma equipe que se comunica de forma eficaz, colabora com entusiasmo e, por meio da união, alcança resultados especializados.

Motivação da Equipe

Neste capítulo, você se tornará um verdadeiro inspirador de pessoas, mergulhando nas técnicas para motivar sua equipe a atingir níveis exclusivos de desempenho e engajamento. Como um mestre da motivação, você irá criar um ambiente onde cada membro da equipe se sinta impulsionado a oferecer o seu melhor.

Criação de Propósito e Significado:

Assim como um narrador habilidoso, você compartilhará a visão e os valores da empresa de maneira envolvente. Através dessa conexão emocional, você transformará as tarefas diárias da equipe em um trabalho com um propósito maior, conferindo a cada membro um senso de significado profundo e inspirador.

Reconhecimento e Valorização:

Como um maestro do reconhecimento, você enxergará e valorizará as contribuições individuais e coletivas da equipe. Expressar gratidão e apreço pelo trabalho realizado demonstrará aos membros da equipe que suas ações são cruciais e essenciais para o sucesso.

Estabelecimento de Desafios Estimulantes:

Semelhante a um desafio nato, você definirá metas que serão ousadas, mas atingíveis. Esse equilíbrio, cuidados e incentivo aos membros da equipe para se superarem, despertando a motivação intrínseca de buscar constantemente a excelência.

Oferta de Oportunidades de Crescimento:

Como um achado de desenvolvimento, você disponibilizará oportunidades de aprendizado e crescimento para cada membro da equipe. Esse investimento no progresso individual transmitirá uma mensagem de que você valoriza o desenvolvimento de habilidades e está comprometido com o crescimento deles.

Comunicação Inspiradora:

Como um contador de histórias envolventes, você compartilhará narrativas de sucesso, superação e perseverança. Ao transmitir histórias ancestrais, você despertará emoções positivas, incentivando a motivação interna e fortalecendo o espírito de equipe.

Celebração das Conquistas:

Assim como um celebrante de vitórias, você transformará cada conquista, por menor que seja, em uma ocasião de celebrações. Essa prática construiu uma cultura de sucesso, reforçando o valor do esforço e recompensando os resultados alcançados.

Conclusão:

Motivar a equipe é como acender uma chama que impulsiona cada membro a transcender seus próprios limites. Cada palavra de incentivo, cada desafio proposto e cada oportunidade de resultados oferecidos compõem um caminho em direção a uma equipe que está em constante superação, buscando a excelência com alcançando paixão verdadeiramente extraordinária.

Reconhecimento e Recompensas por Desempenho

Neste capítulo, você se tornará um mestre na arte do reconhecimento e recompensas, explorando como elevar o ânimo de sua equipe por meio dessas práticas. Como um motivador habilitado, você garantirá que cada membro da equipe se sinta valorizado e incentivado a alcançar o melhor resultado possível.

Reconhecimento Personalizado:

Semelhante a um observador perspicaz, você valorizará os exercícios individuais de cada membro da equipe. Um elogio genuíno pelo trabalho bem realizado pode criar um impacto poderoso, mostrando que você regularmente e valoriza contribuições únicas de cada pessoa.

Recompensas Tangíveis e Intangíveis:

Assim como um distribuidor de méritos, você oferecerá recompensas tangíveis, como bônus ou prêmios, assim como recompensas intangíveis, como elogios públicos e oportunidades de crescimento. A combinação desses elementos atende às diversas necessidades de reconhecimento da equipe.

Programas de Reconhecimento Contínuo:

À maneira de um arquiteto de incentivos, você construirá sistemas de reconhecimento contínuo, onde os funcionários serão recompensados regularmente por suas contribuições. Isso estabelecerá uma cultura de reconhecimento constante, mantendo a motivação e o engajamento em alta.

Celebração de Metas Alcançadas:

Como um organizador de celebrações, você celebrará o alcance de metas importantes. Essas celebrações não recompensaram apenas o esforço, mas também fortaleceram os laços da equipe, criando um senso de realização compartilhado.

Oportunidades de Desenvolvimento:

Assim como um investidor em crescimento, você oferecerá oportunidades de aprendizado e desenvolvimento como uma forma de recompensa. Isso demonstrará que a empresa valoriza o crescimento individual e está disposta a investir no progresso de seus funcionários.

Feedback sobre o Impacto do Trabalho:

Semelhante a um comunicador de valor, você fornecerá feedback sobre o impacto positivo que o trabalho da equipe tem na empresa. Isso destacará a importância do papel de cada membro, mostrando como suas contribuições fazem a diferença.

Conclusão:

O reconhecimento e as recompensas por desempenho são como nutrientes que nutrem o crescimento e a motivação da equipe. Cada palavra de apreciação, cada recompensa oferecida e cada marco de alcance formam um caminho em direção a uma equipe que se sente valorizada, inspirada e pronta para atingir níveis especiais de qualidade.

Promoção de um Ambiente de Trabalho Positivo

Neste capítulo, você se tornará um arquiteto da cultura organizacional, explorando como promover um ambiente de trabalho positivo pode potencializar o engajamento e a produtividade de sua equipe. Como um construtor de bem-estar, você criará um espaço onde cada membro da equipe se sentirá motivado a contribuir e crescer.

Criação de uma Cultura de Respeito:

Da mesma forma que um líder exemplar, você estabelecerá uma cultura baseada no respeito mútuo e na cortesia. Isso dará origem a um ambiente onde todos se sintam valorizados e ouvidos, estimulando a colaboração e a harmonia.

Fomento ao Trabalho em Equipe:

Como um promotor de colaboração, você incentivará o trabalho em equipe e a troca de conhecimentos. Essa abordagem não apenas aprimorará a cocriação e a inovação, mas também fortalecerá os laços entre os membros da equipe.

Equilíbrio entre Trabalho e Vida Pessoal:

Semelhante a um defensor do bem-estar, você apoiará um equilíbrio saudável entre trabalho e vida pessoal. Isso demonstrará que uma empresa valoriza a saúde mental de seus funcionários, resultando em maior engajamento e satisfação.

Liderança Empática:

Como um mentor compassivo, você demonstrará empatia em relação às preocupações e desafios dos membros da equipe. Essa atitude não apenas criará um vínculo de confiança, mas também promoverá uma cultura de apoio mútuo.

Construtiva de Conflitos:

Assim como um facilitador de resolução de harmonia, você promoverá uma resolução construtiva de conflitos, criando um ambiente onde as diferenças são tratadas de maneira saudável. Isso contribuirá para um ambiente mais colaborativo e pacífico.

Incentivo à Criatividade e Inovação:

Como um desenvolvimento de ideias, você incentivará a criatividade e a inovação, dando espaço para que os membros da equipe expressem seus pensamentos e sugestões. Isso criará um ambiente propício para o crescimento e a evolução.

Conclusão:

Promover um ambiente de trabalho positivo é como plantar as sementes das borboletas e do bem-estar. Cada prática que você adota para cultivar respeito, colaboração e equilíbrio é um passo em direção a uma equipe que se sente valorizada, inspirada e motivada para alcançar resultados notáveis.

Capacitação dos Colaboradores

N este capítulo, você se tornará um desenvolvedor de desenvolvimento, explorando como a capacitação dos colaboradores pode fortalecer a equipe e contribuir para o crescimento de sua empresa. Como líder investidor, você garantirá que cada membro da equipe tenha as ferramentas necessárias para alcançar o sucesso.

Identificação de Necessidades de Treinamento:

Assim como um analista perspicaz, você identificará as necessidades de treinamento e desenvolvimento da equipe. Isso garantirá que os colaboradores adquiram habilidades relevantes para suas funções, aumentando a eficiência e a eficácia do trabalho.

Desenho de Programas de Treinamento:

Como um projetista de conhecimento, você criará programas de treinamento abrangentes e personalizados. Isso garantirá que a capacitação seja direcionada e eficaz, proporcionando aos colaboradores as ferramentas úteis para alcançar o sucesso em suas atividades.

Acesso a Recursos de Aprendizado:

Da mesma forma que um facilitador de crescimento, você fornecerá acesso a recursos de aprendizagem, como cursos online, workshops e materiais de referência. Isso incentivará a busca ativa pelo conhecimento e o desenvolvimento contínuo.

Mentoria e Acompanhamento:

Como um guia experiente, você designará mentores ou líderes para acompanhar o desenvolvimento dos colaboradores. Isso proporcionará orientação prática, permitindo que os funcionários explorem oportunidades de crescimento e esclareçam dúvidas.

Avaliação de Resultados de Treinamento:

Assim como um avaliador meticuloso, você medirá os resultados dos programas de treinamento para verificar sua eficácia. Isso permitirá ajustes para melhorar continuamente a qualidade da capacitação e garantir que as necessidades sejam atendidas.

Oportunidades de Aprendizado Contínuo:

Semelhante a um defensor do crescimento, você oferecerá oportunidades de aprendizagem contínua para que seus colaboradores possam se manter atualizados e relevantes. Isso criará uma cultura de desenvolvimento constante e incentivo à busca por conhecimento.

Conclusão:

A capacitação dos colaboradores é como investir nas fundações do sucesso de sua equipe e empresa. Cada oportunidade de treinamento oferecida, cada habilidade adquirida e cada desenvolvimento de competência é um passo em direção a uma equipe altamente desenvolvida, motivada e pronta para enfrentar qualquer desafio.

Identificação de Necessidades de Treinamento e Desenvolvimento

N este capítulo, você se tornará um estrategista de crescimento, explorando como identificar as necessidades de treinamento e desenvolvimento da equipe para aprimorar suas habilidades e conhecimentos. Como um observador perspicaz, você garantirá que cada membro da equipe tenha as ferramentas necessárias para crescer e contribuir com sucesso.

Avaliação das Competências Atuais:

Assim como um avaliador competente, você analisará as competências e habilidades atuais da equipe. Isso permitirá identificar áreas que precisam de aprimoramento e fornecer uma base sólida para o desenvolvimento futuro.

Feedback dos Colaboradores:

Assim como um ouvinte atento, você buscará o feedback dos próprios colaboradores sobre as áreas em que eles sentem que precisam de desenvolvimento. Isso incentivará a participação ativa e a auto avaliação, permitindo que os funcionários tenham um papel ativo no próprio crescimento.

Análise das Funções e Responsabilidades:

Como um analista criterioso, você examinará as funções e responsabilidades de cada membro da equipe. Isso revelará as habilidades permitidas para um desempenho eficaz, garantindo que o treinamento seja direcionado e relevante.

Identificação de Lacunas de Conhecimento:

Assim como um detetive de lacunas, você identificará as discrepâncias entre as competências atuais e as exigências do trabalho. Essa análise detalhada orientará os esforços de desenvolvimento, focando nas áreas mais críticas.

Antecipação de Futuras Demandas:

Como um visionário gentil, você antecipará as mudanças e demandas futuras do mercado e da indústria. Isso permitirá que uma equipe se prepare antecipadamente, adquirindo as habilidades possíveis para se manter relevante.

Alinhamento com Objetivos da Empresa:

Assim como um estrategista, você alinhará as necessidades de treinamento com os objetivos da empresa. Isso garantirá que o desenvolvimento seja estrategicamente alinhado com as metas da organização, contribuindo para o sucesso geral.

Conclusão:

A identificação de necessidades de treinamento e desenvolvimento é como traçar um mapa para o crescimento da equipe. Cada insight obtido, cada lacuna identificada e cada plano elaborado é um passo em direção a uma equipe que está pronta para enfrentar desafios, evoluir e alcançar um desempenho excepcional.

Investimento em Aprendizado para Aquisição de Novas Habilidades

Neste capítulo, você se transformará em um promotor de evolução, explorando como investir em aprendizado pode capacitar sua equipe com novas habilidades e conhecimentos. Como um líder visionário, você garantirá que cada membro da equipe esteja preparado para os desafios futuros.

Identificação de Tendências Emergentes:

Como um antecipador de tendências, você identificará habilidades emergentes que serão valiosas no futuro. Isso direcionará os esforços de aprendizagem, permitindo que a equipe adquira habilidades que sejam adequadas em alta demanda.

Oferta de Cursos Relevantes:

Assim como uma oferta de oportunidades, você disponibilizará cursos e treinamentos relevantes para as áreas de interesse da equipe. Isso estimulará o crescimento direcionado, garantindo que o aprendizado seja aplicável e significativo.

Exploração de Recursos Online:

Como um explorador digital, você incentivará a exploração de recursos online, como tutoriais e plataformas de aprendizagem. Isso permite que a equipe aprenda no próprio ritmo e aproveite uma variedade de recursos disponíveis.

Incentivo à aprendizagem autodirigida:

Assim como um defensor da autonomia, você encorajará a aprendizagem autodirigida, onde os colaboradores escolhem os tópicos que lhe interessam profundamente. Isso aumenta a motivação e a relevância do aprendizado.

Parcerias com Instituições de Ensino:

Como um construtor de colaborações, você estabelecerá parcerias com instituições de ensino para oferecer oportunidades de aprendizagem formal. Isso ampliará as opções de desenvolvimento e fornecerá acesso a expertise externa.

Mentoria e Coaching:

Assim como um mentor de crescimento, você designará mentores ou coaches para orientar os colaboradores no desenvolvimento de novas habilidades. Isso acelera o processo de aprendizagem e oferece orientação personalizada.

Conclusão:

Investir em aprendizagem é como plantar as sementes da inovação e do crescimento contínuo. Cada oportunidade de aprendizado oferecida, cada habilidade adquirida e cada passo em direção à aquisição de novos conhecimentos é um investimento no potencial da equipe para enfrentar qualquer desafio que possa surgir. Cada investimento em aprendizagem é um investimento no sucesso futuro da equipe e da empresa como um todo.

Conclusão e Resumo

Neste capítulo, exploramos diversos aspectos essenciais para engajar e motivar sua equipe, criando um ambiente propício para o crescimento individual e coletivo. Desde a comunicação transparente até o investimento em aprendizado, cada estratégia desempenha um papel vital no fortalecimento da equipe e no alcance dos objetivos da empresa.

Resumindo, abordamos:

A importância da comunicação transparente para criar confiança e coesão.

O papel de compartilhar atualizações e planos para manter todas as orientações.

O estímulo à comunicação aberta entre funcionários para promover colaboração.

A motivação da equipe por meio de reconhecimento e recompensas.

A promoção de um ambiente de trabalho positivo que estimule o bem-estar.

A capacitação dos colaboradores através do investimento em aprendizagem.

Cada tópico abordado é uma peça fundamental no quebra-cabeça do engajamento e sucesso de sua equipe. Ao aplicar essas estratégias, você estará construindo uma base sólida para enfrentar os desafios e oportunidades que sua empresa enfrenta. O resultado será uma equipe comprometida, motivada e preparada para alcançar resultados notáveis e contribuir significativamente para o crescimento e sucesso da organização. Lembre-se de que investir na sua equipe é investir no futuro da empresa.

CAPÍTULO 6:
MARKETING E
RECONSTRUÇÃO DA
MARCA

Neste capítulo, exploraremos estratégias para revitalizar a presença de sua empresa no mercado por meio do marketing eficaz e do fortalecimento da marca. Compreender como se comunicar e posicionar sua empresa após uma fase de dificuldades é crucial para atrair novos clientes e reavivar a confiança dos antigos.

Análise da Marca Atual:

Como um analista perspicaz, você examinará a percepção atual de sua marca no mercado. Isso ajudará a identificar pontos fortes a serem destacados e áreas de melhoria.

Definição de uma Nova Proposta de Valor:

Assim como um arquiteto de significado, você criará uma proposta de valor renovada que reflita as mudanças e melhorias inovadoras em sua empresa.

Segmentação de Mercado Atualizada:

Como um estrategista focado, você reavaliará e atualizará a segmentação de mercado para garantir que sua mensagem alcance os públicos certos.

Desenvolvimento de Mensagens e Conteúdo Impactantes:

Assim como um comunicador inspirador, você criará mensagens e conteúdo que transmitirão a nova direção e os benefícios exclusivos de sua empresa.

Escolha de Canais de Marketing Adequados:

Como um planejador estratégico, você selecionará os canais de marketing mais adequados para alcançar sua audiência, seja por meio de mídia social, publicidade online, eventos ou outros meios.

Construção de Campanhas Criativas:

Assim como um criador de narrativas, você desenvolverá campanhas criativas que chamem a atenção e inspirem ação.

Monitoramento e Adaptação contínua:

Como um executor ágil, você implementará estratégias de monitoramento para avaliar a eficácia das campanhas e fazer ajustes conforme necessário.

Conclusão:

A revitalização da marca e a estratégia de marketing são como dar um novo fôlego à sua empresa, revelando a evolução que ocorreu. Cada mensagem impactante, cada campanha criativa e cada interação com o mercado é um passo em direção à construção de uma imagem forte e atraente, capaz de atrair clientes e reestabelecer a confiança na experiência de sua empresa. O resultado será uma marca revitalizada, pronta para enfrentar o futuro com confiança e sucesso.

Estratégias de Marketing de Baixo Custo

Neste capítulo, você se tornará um mestre da criatividade, explorando estratégias de marketing que não sobrecarregam o orçamento da sua empresa. Como um estrategista de recursos inteligente, você descobrirá maneiras de alcançar visibilidade e construir uma marca sem gastar muito.

Marketing de Conteúdo:

Assim como um contador de histórias, você criará conteúdo relevante e envolvente que ressoe com o público, como artigos, blogs ou vídeos.

Mídias Sociais Estratégicas:

Como um engajador de comunidades, você utilizará plataformas de mídia social para construir relacionamentos e ampliar a presença da marca.

Email Marketing Segmentado:

Assim como um comunicador direcionado, você enviará e-mails personalizados para segmentos específicos de sua lista de contatos.

Parcerias e Cooperação:

Como um construtor de alianças, você explorará parcerias com outras empresas para co-criar promoções e alcançar novos públicos.

Marketing de Boca a Boca:

Assim como um cultivador de recomendações, você incentivará seus clientes satisfeitos a compartilhar suas experiências com outras pessoas.

SEO (Otimização para Mecanismos de Busca):

Como um otimizador digital, você otimizará o conteúdo do seu site para que ele seja encontrado facilmente pelos mecanismos de busca.

Eventos e Workshops online:

Assim como um organizador virtual, você fará eventos e workshops online para interagir com o público e demonstrar sua experiência.

Conclusão:

Estratégias de marketing de baixo custo são como atos de equilíbrio, permitindo que você alcance resultados notáveis com recursos limitados. Cada ação criativa, cada conexão construída e cada esforço específico para aumentar a visibilidade da marca é um passo em direção a uma estrutura sólida e eficaz. Com determinação e inovação, sua empresa poderá alcançar o sucesso no mercado sem comprometer suas finanças.

Utilização de Mídias Sociais para Alcance Orgânico

Neste capítulo, você se tornará um estrategista digital, explorando como usar as mídias sociais de forma eficaz para ampliar a visibilidade de sua marca sem a necessidade de grandes investimentos financeiros. Como um cultivador de conexões virtuais, você aproveitará as plataformas de mídia social para se reconectar com o público e fortalecer a presença de sua marca.

Estratégias de Conteúdo:

Como um arquiteto de mensagens, você criará uma definição de estratégia de conteúdo envolvente que ressoa com o público e reforça a identidade da marca.

Consistência na Publicação:

Assim como um cronometrista preciso, você manterá uma programação regular de publicações para manter o público engajado e interessado.

Engajamento Autêntico:

Como um construtor de relacionamentos, você interagirá com os seguidores de forma autêntica e atenciosa, respondendo comentários e mensagens.

Uso de Hashtags Relevantes:

Assim como um estrategista de busca, você usará hashtags relevantes para aumentar a visibilidade de suas postagens para um público mais amplo.

Conteúdo Visual Atrativo:

Como um criador visual, você usará imagens e vídeos atrativos para prender a atenção dos seguidores.

Colaborações e Parcerias:

Assim como um conector de redes, você explorará colaborações com influenciadores ou outras marcas para alcançar um público maior.

Monitoramento de Análises:

Como analista de resultados, você monitorará as análises das mídias sociais para avaliar o desempenho de suas estratégias e fazer ajustes quando necessário.

Conclusão:

A utilização eficaz das mídias sociais para o alcance orgânico é como cultivar um jardim virtual, onde cada postagem, interação e transação para o crescimento de sua marca. Cada conexão feita, cada engajamento autêntico e cada esforço dedicado a criar uma presença cativante é um passo em direção a uma marca revitalizada e pronta para conquistar o público. Com criatividade e estratégia, sua empresa pode construir uma comunidade engajada e fiel por meio das mídias sociais, impulsionando o sucesso e a visibilidade.

Marketing de Conteúdo para Engajamento e Educação

Neste capítulo, você se tornará um contador de histórias habilidoso, explorando como usar o marketing de conteúdo para envolver seu público e educá-lo sobre o valor de sua marca. Como um narrador inspirador, você criará conteúdo que não apenas atrai a atenção, mas também oferece informações valiosas.

Identificação de Tópicos Relevantes:

Como um observador atento, você identificará tópicos relevantes para seu público e demonstrará a expertise de sua empresa.

Criação de Conteúdo Autêntico:

Assim como um contador de histórias, você criará conteúdo autêntico e cativante que ressoa com sua marca e atrai o interesse do público.

Formatos Variados:

Como um inovador criativo, você utilizará diferentes formatos de conteúdo, como artigos, vídeos, infográficos e podcasts, para atender às preferências do público.

Educação e Solução de Problemas:

Assim como um educador dedicado, você oferecerá conteúdo que ajudará seu público a resolver problemas e aprimorar suas habilidades.

Call-to-Actions Estratégicos:

Como um orientador de ação, você incluirá chamadas para ação estratégica em seu conteúdo, incentivando o público a se envolver mais com sua marca.

Publicação Consistente:

Assim como um gerente de cronograma, você manterá uma programação regular de publicações para manter o público engajado.

Compartilhamento nas Mídias Sociais:

Como divulgador social, você compartilhará seu conteúdo nas mídias sociais para ampliar o alcance e atrair novos seguidores.

Conclusão:

O marketing de conteúdo é como abrir as portas do conhecimento e da inspiração para o seu público. Cada artigo que você escreve, cada vídeo que você produz e cada informação valiosa que você compartilha é um passo em direção a um engajamento mais profundo e uma conexão mais forte com seu público. Por meio do marketing de conteúdo, você construirá uma relação de confiança e valor com seus clientes, estabelecendo sua marca como uma fonte confiável de conhecimento e soluções.

Recriação da Imagem da Marca

Neste capítulo, você se tornará um arquiteto de identidade, explorando como recriar a imagem da marca para refletir as mudanças positivas e a evolução de sua empresa. Como um transformador visual, você trabalhará na revitalização da identidade visual e no posicionamento da marca para capturar a atenção e o respeito do público.

Reavaliação dos Elementos Visuais:

Como um crítico visual, você reavaliará os elementos visuais de sua marca, como logotipo, núcleos e tipografia, para garantir que eles transmitam a nova direção da empresa.

Design de Logotipo Atualizado:

Assim como um designer de símbolos, você redesenhará ou atualizará o logotipo da marca para refletir a atualização da empresa.

Criação de Novos Materiais Gráficos:

Como criador de identidade, você desenvolverá materiais gráficos consistentes, como cartões de visita, folhetos e modelos, que representam a nova imagem da marca.

Atualização das Plataformas Online:

Assim como um atualizador digital, você atualizará as plataformas online da sua empresa, como o site e redes sociais, com uma nova identidade visual.

Narrativa da Marca Reformulada:

Como um contador de histórias estratégicas, você reformulará a narrativa da marca para refletir a nova direção e os valores da empresa.

Posicionamento no Mercado Revisado:

Assim como um estrategista de posicionamento, você verificará como a marca é percebida no mercado e fará ajustes para alinhar com a nova imagem.

Lançamento da Nova Imagem:

Como diretor de estreia, você planejou e executará o lançamento da nova imagem da marca, criando expectativa e interesse entre o público.

Conclusão:

A recriação da imagem da marca é como dar um novo rosto à sua empresa, demonstrando ao mundo a transformação que ocorreu. Cada elemento visual atualizado, cada história recontada e cada ponto de contato com a nova identidade visual é um passo em direção a uma marca renovada, pronta para impressionar e conquistar o público. Através dessa renovação visual, sua marca se posicionará de maneira mais impactante e alinhada com seus valores e objetivos atuais.

Atualização de Logotipo e Identidade Visual

N este capítulo, você se tornará um reformulador criativo, explorando a identidade como atualizar o logotipo e o visual de sua marca para refletir a nova fase da empresa. Como um artista da transformação, você trabalhará na revitalização da identidade visual para transmitir a mudança positiva e atrair a atenção do público.

Avaliação da Identidade Visual Atual:

Como um crítico atento, você avaliará a identidade visual atual da marca, incluindo núcleos, tipografia e elementos gráficos.

Redefinição do Logotipo:

Assim como um estudioso de símbolos, você redesenhará o logotipo para que ele represente de maneira autêntica a nova direção e valores da empresa.

Escolha de Cores Significativas:

Como um selecionador de paletas, você escolherá cores que transmitam as mensagens e emoções desejadas pela nova imagem da marca.

Criação de Elementos Gráficos Coerentes:

Assim como um construtor visual, você criará elementos gráficos consistentes que garantem que a identidade esteja alinhada com o novo visual.

Aplicação em Materiais de Marketing:

Como curador de presença, você aplicará uma nova identidade visual em materiais de marketing, como folhetos, cartões de visita e banners.

Atualização de Plataformas Online:

Assim como um reformador digital, você atualizará o site e as redes sociais da empresa com o novo visual.

Lançamento da Nova Identidade Visual:

Como um maestro de apresentação, você planejou um lançamento impactante da nova identidade visual, criando curiosidade e expectativa entre o público.

Conclusão:

A atualização do logotipo e da identidade visual é como vestir a marca com um novo traje, refletindo o renascimento que ocorreu. Cada cor escolhida, cada elemento gráfico criado e cada aplicação consistente da nova identidade visual é um passo em direção a uma marca rejuvenescida, pronta para transmitir uma mensagem fresca e atraente. Através desta transformação visual, a marca se posicionará de forma mais impactante e alinhada com os valores e objetivos atuais.

Criação de uma Nova Narrativa de Marca Alinhada aos Valores Atuais

Neste capítulo, você se tornará um contador de histórias habilidoso, explorando como criar uma nova narrativa de marca que reflita os valores e a essência atual de sua empresa. Como um narrador de significado, você construirá uma história que se conecta emocionalmente com o público e transmite a transformação que ocorreu.

Análise dos Valores e Missão Atuais:

Como um investigador profundo, você mergulhará nos valores e na missão da empresa para entender sua essência atual.

Identificação de Pontos Fortes:

Assim como um observador apreciativo, você identificará os pontos fortes e diferenciais da empresa que podem ser destacados na nova narrativa.

Mensagens-chave:

Como um artesão das palavras, você criará definição de mensagens-chave que comunicam claramente os valores, a missão e a visão da empresa.

Construção de Histórias Autênticas:

Assim como um contador de experiências, você construirá histórias autênticas que ilustram como a empresa está impactando com certeza seus clientes e a sociedade.

Alinhamento com a Jornada do Cliente:

Como um guia de jornada, você criará uma narrativa que acompanha a jornada dos clientes, demonstrando como a empresa os ajuda a superar desafios.

Uso de Linguagem e Tom Adequado:

Assim como um mestre da linguagem, você escolherá a linguagem e o tom que melhor se alinhará com a nova narrativa e ressoará com o público.

Compartilhamento Consistente:

Como um divulgador de mensagens, você compartilhará consistentemente uma nova narrativa em todos os pontos de contato da empresa.

Conclusão:

A criação de uma nova narrativa de marca é como compor uma sinfonia de significados, envolvendo o público e transmitindo os valores e a transformação da empresa. Cada palavra escolhida, cada história contada e cada conexão emocional criada é um passo em direção a uma marca rejuvenescida e pronta para cativar corações e mentes. Através dessa nova narrativa, a empresa poderá se conectar de forma mais profunda e autêntica com seu público, compartilhando a história de sua evolução e impacto.

Compartilhamento da História de Resiliência

Neste capítulo, você se tornará um contador de histórias de prosperidade, explorando como compartilhar a história de resiliência de sua empresa de forma relevante e envolvente. Como um arauto de superação, você usará essa história para se conectar emocionalmente com o público, transmitir valores e inspirar.

Identificação dos Marcos da Jornada:

Como um arqueólogo de resultados, você identificará os momentos-chave da jornada da empresa, desde os desafios até as vitórias.

Evidência de Superar Obstáculos:

Assim como um apresentador de feitos, você reunirá evidências tangíveis de como a empresa superou obstáculos e dificuldades.

Criação de Narrativa Engajante:

Como um contador de experiências, você transformará os marcos da jornada em uma narrativa envolvente e emocional.

Transmissão de Valores e Missão:

Assim como um mensageiro de convicções, você destacará como os valores e a missão da empresa foram fundamentais na superação dos desafios.

Humanização da História:

Como um mestre da empatia, você humanizará a história, mostrando as pessoas por trás dos esforços e suas motivações.

Uso de Mídia Visual e Audiovisual:

Assim como um criador visual, você usará imagens, vídeos e elementos audiovisuais para tornar uma história mais impactante.

Compartilhamento Autêntico:

Como um embaixador de experiências, você compartilhará uma história de resiliência de maneira autêntica em todos os canais de comunicação da empresa.

Conclusão:

O compartilhamento da história de resiliência é como abrir as cortinas para o palco da jornada de sua empresa, permitindo que o público testemunhe as adversidades superadas e os triunfos práticos. Cada detalhe compartilhado, cada momento emocional e cada valor reforçado é um passo em direção a uma conexão mais profunda e rigorosa com o público. Através dessa história de resiliência, a empresa poderá inspirar e motivar seu público, demonstrando que é possível superar obstáculos e alcançar grandes conquistas.

Conexão Emocional com Clientes Através da Narrativa de Superar Desafios

Neste capítulo, você se tornará um contador de histórias magistral, explorando como estabelecer uma conexão emocional profunda com os clientes por meio da narrativa de superar desafios de sua empresa. Como um arauto de triunfo, você usará essa história para não apenas atrair, mas também tocar os corações de seus clientes.

Identificação dos Desafios Compartilháveis:

Como um explorador de experiências, você identificará os desafios que ressoarão com a experiência e as preocupações de seus clientes.

Construção de Emoção Autêntica:

Assim como um criador de sentimentos, você criará uma narrativa que evoca emoções autênticas, relacionáveis aos desafios superados.

Enfatização dos Valores Compartilhados:

Como um comunicador de valores, você destacará como os valores de sua empresa estão alinhados com os valores de seus clientes.

Inclusão de Momentos Transformadores:

Assim como um maestro de momentos, você incluirá pontos de virada transformadores na narrativa para criar suspense e envolvimento emocional.

Humanização das Conquistas:

Como um retratista da humanidade, você mostrará como as pessoas de sua empresa desempenharam um papel vital na superação dos desafios.

Uso de Linguagem Emocional:

Assim como um poeta das palavras, você escolherá palavras e frases que evocam emoção e ressoam com as experiências de seus clientes.

Compartilhamento Empático:

Como um confiante de histórias, você compartilhará uma narrativa de superação de desafios de forma empática, mostrando que uma empresa compreende as lutas dos clientes.

Conclusão:

A conexão emocional com os clientes por meio da narrativa de superação de desafios é como estender a mão para abraçar as preocupações e aspirações do público. Cada emoção despertada, cada valor compartilhado e cada laço estabelecido é um passo em direção a uma relação de confiança com os clientes. Ao compartilhar a jornada de superação da empresa, você não apenas atrairá a atenção, mas também criará um vínculo emocional duradouro que ressoa profundamente com seus clientes.

Conclusão: Uma Nova Jornada de Crescimento

Neste capítulo, exploramos estratégias fundamentais para recriar a imagem de sua marca e reconstruir a confiança do público. Desde a atualização do logotipo e da identidade visual até a criação de uma nova narrativa de marca, você aprendeu como revitalizar sua empresa e estabelecer uma conexão mais profunda com seu público.

Você se tornou um mestre da narrativa, compartilhando histórias de resiliência e superação para envolver e inspirar tanto os clientes quanto a equipe. Você explorou como utilizar o marketing de conteúdo e as mídias sociais para ampliar a visibilidade da sua marca, conquistando novos seguidores de maneira autêntica e significativa.

Ao aplicar essas estratégias, você deu os primeiros passos em direção a uma nova era de crescimento e sucesso para sua empresa. Lembre-se de que a gestão da marca é uma jornada contínua, onde cada ação, cada conexão e cada esforço traçado para a construção de uma base sólida para o futuro.

Este é apenas o começo de uma jornada emocionante e transformadora. A medida que você avança, continue aprimorando suas habilidades de liderança, narrativa e estratégia, e esteja sempre atento às mudanças do mercado e às necessidades do público. Com determinação, visão e dedicação, você está preparado para guiar sua empresa em direção a um futuro brilhante e cheio de oportunidades.

Lembre-se sempre do poder das histórias, da autenticidade e da conexão emocional. Esses elementos fundamentais não apenas moldam a forma como sua marca é percebida, mas também influenciam profundamente como você impacta e inspira aqueles ao seu redor. A sua jornada de crescimento é uma história em constante evolução, e cada capítulo que você escreve traz consigo a promessa de sucesso e realização.

CAPÍTULO 7: A APRENDIZAGEM COM A CRISE

Neste capítulo, você embarcará em uma jornada de aprendizagem a partir das adversidades enfrentadas. Como um aluno dedicado à experiência, você explorará como obter habilidades de crise e transformar as oportunidades para o crescimento contínuo de sua empresa. Ao adotar uma mentalidade de aprendizado, você se tornará um líder resiliente e capaz de enfrentar qualquer desafio que surgir no futuro.

Análise Reflexiva:

Como um observador introspectivo, você analisará os acontecimentos da crise, identificando o que deu certo e o que poderia ser melhorado.

Identificação de Pontos Fortes:

Assim como um descobridor de talentos, você identificará os pontos fortes da empresa que foram desenvolvidos para enfrentar uma crise.

Identificação de Áreas de Melhoria:

Como um crítico construtivo, você identificará quais áreas em que uma empresa pode melhorar sua resiliência para futuras adversidades.

Inovação a Partir de Desafios:

Assim como um inventor de soluções, você buscará oportunidades de inovação que surgiram como resultado da crise.

Adaptação Estratégica:

Como um estrategista flexível, você ajustará as estratégias da empresa com base nas lições aprendidas para se preparar melhor para o futuro.

Cultura de Aprendizado Contínuo:

Assim como um cultivador de mentalidade, você criará e promoverá uma cultura organizacional que valoriza a aprendizagem contínua e a melhoria constante.

Compartilhamento de Aprendizados:

Como um disseminador de sabedoria, você compartilhará as lições aprendidas com a equipe e as partes interessadas, inspirando a busca por melhorias.

Conclusão:

A crise, embora desafiadora, oferece oportunidades para melhorar a empresa e seus processos. Ao adotar a mentalidade de aprendizado, você não apenas se torna mais resiliente, mas também transforma desafios em trampolins para o sucesso futuro. Cada reflexão, cada adaptação e cada lição aprendida é um passo em direção a uma empresa mais forte, mais ágil e mais preparada para enfrentar o desconhecido.

Identificação de Lições Aprendidas

Neste capítulo, você se tornará um analista de insights, explorando como identificar e compreender as lições valiosas aprendidas durante uma crise. Como um decifrador de experiências, você analisará as situações desafiadoras para extrair conhecimentos que ajudarão a fortalecer sua empresa no futuro.

Reflexão Profunda:

Como um investigador curioso, você refletirá profundamente sobre as experiências da crise, buscando entender as causas e os efeitos de cada desafio enfrentado.

Identificação de Padrões:

Assim como um observador atento, você identificará padrões recorrentes nas situações enfrentadas durante uma crise.

Análise de Decisões Tomadas:

Como um crítico construtivo, você analisará as decisões tomadas pela empresa, identificando o que funcionou e o que poderia ter sido abordado de forma diferente.

Descoberta de Pontos Fortes e Fracos:

Assim como um examinador minucioso, você descobrirá os pontos fortes que ajudam a empresa a enfrentar a crise, bem como as áreas que precisam ser fortalecidas.

Extração de Aprendizados Estratégicos:

Como um estrategista reflexivo, você extrairá lições que podem ser aplicadas em estratégias futuras para evitar ou gerenciar crises semelhantes.

Documentação de Lições Aprendidas:

Assim como um arquivo de conhecimento, você documentará as lições aprendidas de forma clara e acessível para toda a equipe.

Compartilhamento e Aplicação:

Como um instrutor de sabedoria, você compartilhará as lições aprendidas com a equipe e incentivará a aplicação desses insights para melhorar os processos e tomar decisões informadas.

Conclusão:

A crise é uma escola rigorosa que nos ensina lições valiosas. Ao identificar, analisar e aplicar essas lições, você preparará sua empresa para enfrentar o futuro com mais resiliência e sabedoria. A aprendizagem contínua a partir das experiências é um dos maiores ativos que uma empresa pode ter. Cada reflexão, cada insight e cada aplicação é um passo em direção a uma empresa mais forte e preparada para os desafios que virão.

Reflexão Sobre Decisões Passadas e Resultados

Neste capítulo, você se tornará um analista crítico, explorando como refletir sobre as decisões tomadas durante a crise e os resultados que surgiram delas. Como um examinador de escolhas, você analisará a forma ponderada das ações da empresa para identificar o que funcionou bem e o que poderia ser melhorado.

Avaliação das Decisões Tomadas:

Como um investigador meticuloso, você avaliará as decisões estratégicas tomadas durante uma crise, analisando seus resultados e consequências.

Identificação dos Fatores de Sucesso:

Assim como um observador perspicaz, você identificará os fatores que desenvolverá para o sucesso das decisões tomadas.

Análise dos Obstáculos Enfrentados:

Como um crítico construtivo, você examinará os obstáculos que surgiram e como foram competitivos, identificando lições para futuras situações propostas.

Reconhecimento das Decisões Subótimas:

Assim como um aprendiz consciente, você considerará as decisões que não trouxeram os resultados esperados e buscará entender o porquê.

Identificação de Oportunidades de Melhoria:

Como um otimizador contínuo, você identificará oportunidades de melhoria em termos de abordagens, processos e comunicação.

Aplicação em Estratégias Futuras:

Assim como um construtor de alicerces, você aplicará as lições aprendidas nas estratégias futuras da empresa para evitar erros semelhantes.

Compartilhamento de insights com a equipe:

Como um divulgador de sabedoria, você compartilhará os insights obtidos com a equipe, promovendo um ambiente de aprendizado coletivo.

Conclusão:

Uma reflexão sobre as decisões passadas e seus resultados é essencial para o aprendizado contínuo e o aprimoramento das operações da empresa. Ao ser honesto e imparcial na análise, você cria uma base para a evolução e o crescimento sustentável. Cada decisão refletida, cada obstáculo enfrentado e cada aprendizado aprendido é um passo em direção a uma empresa mais resiliente e comprometida para o futuro.

Uso de Experiências Passadas como Diretrizes para o Futuro

Neste capítulo, você se tornará uma experiência estrategista, explorando como utilizar as experiências passadas como guias para moldar o futuro de sua empresa. Como um arquiteto de direcionamento, você aprenderá a transformar lições aprendidas em estratégias sólidas, garantindo que os desafios enfrentados no passado contribuam para um crescimento mais seguro e resiliente.

Análise de Lições Aprendidas:

Como experiência de pesquisador, você revisitará as lições aprendidas durante uma crise e analisará sob uma nova perspectiva.

Identificação de Princípios Orientadores:

Assim como um entendimento dos valores, você identificará os princípios e valores que emergiram das experiências passadas.

Estratégias de Estratégias Baseadas em Lições:

Como um estrategista visionário, você desenvolverá estratégias futuras baseadas nas lições aprendidas, incorporando o que deu certo e definição evitando o que não funcionou.

Integração de Abordagens Inovadoras:

Assim como um pragmático inovador, você explorará maneiras de integrar novas abordagens às estratégias, alavancando a aprendizagem adquirida.

Estabelecimento de Planos de Contingência:

Como um preparador incansável, você criará planos de contingência inspirados nas situações enfrentadas anteriormente, antecipando desafios futuros.

Cultura de Melhoria Contínua:

Assim como um cultivador de aprimoramento, você promoverá uma cultura de aprendizado contínuo e adaptação dentro da empresa.

Avaliação de resultados:

Como um medidor de eficácia, você avaliará a implementação das estratégias baseadas nas experiências passadas e fará os ajustes necessários.

Conclusão:

A utilização de experiências passadas como diretrizes para o futuro é como usar um mapa para navegar em águas desconhecidas. Ao aprender com os erros e sucessos anteriores, você constrói uma base sólida para tomar decisões informadas e construir um caminho mais sólido em direção ao crescimento sustentável. Cada lição aplicada, cada princípio incorporado e cada estratégia moldada é um passo em direção a uma empresa que aprende e evolui continuamente. Com isso, nossa jornada chega ao fim, tendo explorado maneiras de reerguer sua empresa e construir um futuro resiliente e bem sucedido.

Fortalecimento da Resiliência

Neste capítulo final, você se tornará um construtor de resiliência, explorando como fortalecer a capacidade de sua empresa para enfrentar desafios futuros com confiança e determinação. Como um arquiteto da resistência, você aprenderá a aplicar as lições aprendidas e as estratégias elaboradas para criar uma empresa que não apenas sobreviveu, mas prospera em meio a incertezas.

Cultivo da Mentalidade Resiliente:

Como um líder inspirador, você criará uma mentalidade de resiliência em toda a equipe, promovendo a capacidade de lidar com a adversidade.

Implementação de Planos de Contingência:

Assim como um estrategista perspicaz, você garantirá que os planos de contingência estarão prontos para serem acionados quando necessário.

Flexibilidade e Adaptação contínua:

Como um dançarino da mudança, você promoverá a adaptabilidade como uma virtude fundamental dentro da empresa.

Monitoramento e Avaliação constantes:

Assim como um vigilante constante, você acompanhará os resultados das estratégias inovadoras e fará ajustes conforme necessário.

Criação de Parcerias Estratégicas:

Como um construtor de alianças, você buscará estabelecer relacionamentos sólidos com parceiros e fornecedores para fortalecer a base da empresa.

Desenvolvimento de Equipe Resiliente:

Assim como um treinador de habilidades, você investirá no desenvolvimento de equipe para que eles estejam preparados para enfrentar qualquer desafio.

Celebração dos Sucessos e Aprendizados:

Como um celebrante de conquistas, você considerará os sucessos conquistados e os aprendizados adquiridos ao longo da jornada.

Conclusão:

O fortalecimento da resiliência é como construir uma fortaleza capaz de enfrentar as tempestades mais intensas. Ao cultivar uma atitude certa, implementar estratégias robustas e nutrir relacionamentos sólidos, você estará criando uma base que sustenta o crescimento duradouro de sua empresa. Lembre-se de que uma jornada de capacitação à resiliência é contínua, exigindo dedicação e adaptação constantes. Com isso, encerramos nossa jornada, tendo explorado formas de reerguer sua empresa e construir um futuro resistente e bem-sucedido. Seja forte, seja resiliente e alcance de grandes alturas.

Desenvolvimento da Capacidade de Adaptação a Mudanças

Neste capítulo final, você se tornará um arquiteto de adaptação, explorando como desenvolver a capacidade de sua empresa para se adaptar de maneira eficaz às mudanças contínuas e imprevistas. Como um mentor da flexibilidade, você aprenderá a cultivar uma cultura organizacional que abraça a mudança como uma oportunidade, não como uma ameaça.

Fomento da Mentalidade Adaptativa:

Como um visionário inspirador, você promoverá uma mentalidade que vê a mudança como uma constante, incentivando a busca por soluções criativas.

Estímulo à Inovação Constante:

Assim como um incentivador da criatividade, você encorajará a equipe a buscar constantemente novas maneiras de abordar desafios e oportunidades.

Aprendizado Contínuo e Flexível:

Como um defensor da evolução, você apoiará o desenvolvimento de habilidades que permitirão à equipe se adaptar a diferentes cenários.

Criação de Estratégias de Contingência:

Assim como um arquiteto de preparação, você desenvolverá estratégias que permitirão à empresa responder de maneira ágil a mudanças inesperadas.

Comunicação Transparente e Constante:

Como um canal de comunicação aberto, você garantirá que todos estejam informados sobre as mudanças e seus impactos.

Fomento de Uma Cultura de Feedback:

Assim como um promotor do diálogo, você incentivará a equipe a fornecer feedback construtivo sobre como as mudanças estão sendo gerenciadas.

Celebração das Conquistas Adaptativas:

Como um comemorador de sucessos, você refletirá e celebrará os momentos em que a empresa demonstra uma capacidade bem-sucedida de adaptação.

Conclusão:

O desenvolvimento da capacidade de adaptação é como investir em uma engenharia que permite que sua empresa se mova suavemente em qualquer terreno. Ao criar uma cultura que valorize a inovação, o aprendizado contínuo e a comunicação aberta, você está construindo os fundamentos de uma organização ágil e preparada para enfrentar qualquer desafio. Lembre-se de que uma jornada de adaptação é constante e recompensadora. Com isso, encerramos nossa jornada, tendo explorado formas de reerguer sua empresa e construir um futuro resistente e bem-sucedido. Este é apenas o começo de uma nova fase emocionante para sua empresa. Seja flexível, seja resiliente e abrace a mudança com confiança.

Integração da Resiliência à Cultura Organizacional

Neste capítulo final, você se tornará um construtor de culturas resilientes, explorando como incorporar a resiliência não apenas como uma estratégia, mas como um valor fundamental enraizado na cultura de sua empresa. Como um arquiteto de mentalidade, você aprenderá a criar uma base sólida de resiliência que permeia todos os aspectos da organização.

Definição de Valores Resilientes:

Como um líder visionário, você definirá valores que destacam a importância da resiliência e da capacidade de enfrentar desafios.

Modelagem do Comportamento Resiliente:

Assim como um exemplo inspirador, você demonstrará pessoalmente a resiliência em ação, sendo um modelo para a equipe.

Treinamento e Desenvolvimento contínuo:

Como um mentor comprometido, você oferecerá treinamentos e oportunidades de desenvolvimento que fortalecerão a resiliência da equipe.

Criação de Espaços de Diálogo Aberto:

Assim como um facilitador de comunicação, você estabelecerá ambientes onde a equipe poderá discutir abertamente desafios e preocupações.

Reconhecimento da Resiliência:

Como um apreciador de esforços, você refletirá e recompensará os comportamentos e ações que demonstram resiliência.

Incorporação da Adaptação em Processos:

Assim como um integrador de práticas, você incorporará a capacidade de adaptação nos processos e procedimentos da empresa.

Celebração das Histórias de Resiliência:

Como um narrador de conquistas, você compartilhará histórias de resiliência que inspiram e unem a equipe.

Conclusão:

A integração da resiliência à cultura organizacional é como plantar sementes de confiança e determinação que florescerão ao longo do tempo. Ao infundir resiliência em todos os níveis da empresa, você cria uma comunidade unida que pode enfrentar qualquer desafio de maneira unificada. Este é o alicerce que permitirá que sua empresa cresça e prospere em meio a mudanças e incertezas. Parabéns por ter completado essa jornada de transformação e aprendizado. Agora é o momento de aplicar o que você aprendeu e construir um futuro brilhante e resiliente para sua empresa. Seja resiliente, seja inspirador e continue trilhando um caminho de sucesso duradouro.

Planejamento de Contingência

N este capítulo final, você se tornará um estrategista resiliente, explorando como criar planos de contingência robustos para lidar com uma variedade de cenários desafiadores. Como um construtor de segurança, você aprenderá a antecipar obstáculos e a estabelecer estratégias que garantirão que sua empresa esteja preparada para enfrentar qualquer reviravolta.

Identificação de Cenários de Risco:

Como analista de situações, você identificará os cenários que apresentam riscos potenciais para sua empresa.

Análise de Impactos e Probabilidades:

Assim como um investigador meticuloso, você avaliará os impactos e as probabilidades associadas a cada cenário de risco identificado.

Desenvolvimento de Planos de Ação:

Como um arquiteto de soluções, você criará planos de ação detalhados para responder a cada cenário de risco identificado.

Alocação de Recursos Estratégicos:

Assim como um administrador de recursos, você determinará como alocar recursos para executar os planos de contingência.

Teste e Revisão regular:

Como revisor de preparação, você testará os planos de contingência e os revisará regularmente para garantir sua eficácia.

Comunicação Clara e Ação Rápida:

Assim como um coordenador de respostas, você garantirá que a comunicação seja clara e a ação seja rápida durante a implementação dos planos.

Aprendizado Contínuo com Simulações:

Como um defensor do aprendizado, você realizará simulações para que a equipe possa aprender com a prática e melhorar os processos.

Conclusão:

O planejamento de contingência é como ter um mapa em mãos quando uma tempestade se aproxima. Ao antecipar e se preparar para os desafios, você está construindo uma estrutura sólida que pode resistir a turbulências. Lembre-se de que o planejamento de contingência é um esforço contínuo, que exige revisões e adaptações conforme a situação evoluir. Parabéns por completar essa jornada transformadora. Agora é o momento de implementar o que você aprendeu e continuar a fortalecer a resiliência da sua empresa. Seja estratégico, seja resiliente e esteja pronto para enfrentar qualquer obstáculo com confiança.

Antecipação e Preparação para
Futuras Adversidades

Neste capítulo final, você se tornará um visionário de preparação, explorando como antecipar e se preparar para adversidades futuras. Como um arquiteto de proteção, você aprenderá a identificar sinais de alerta, planejar estrategicamente e garantir que sua empresa esteja bem equipada para enfrentar qualquer desafio que possa surgir.

Monitoramento de Tendências e Sinais:

Como um observador perspicaz, você monitorará tendências no mercado e sinais de alerta que possam indicar adversidades futuras.

Análise de Vulnerabilidades:

Assim como um inspetor minucioso, você identificará as áreas vulneráveis de sua empresa que podem ser afetadas por futuros desafios.

Desenvolvimento de Estratégias de Mitigação:

Como estrategista preventivo, você desenvolverá estratégias para mitigar os riscos identificados e reduzir o impacto das adversidades.

Estabelecimento de Reservas e Recursos:

Assim como um planejador prudente, você alocará recursos e reservas financeiras para enfrentar crises futuras.

Simulações de Cenários:

Como um visionário testado, você realizará simulações de cenários para preparar uma equipe para uma variedade de desafios.

Desenvolvimento da Rede de Apoio:

Assim como um construtor de relações, você criará uma rede de apoio de parceiros e especialistas para ajudar em situações adversárias.

Aprendizado Contínuo e Adaptação:

Como um defensor da evolução, você manterá uma mentalidade de aprendizado constante para se adaptar aos novos desafios.

Conclusão:

A antecipação e preparação para futuras adversidades são como erguer barreiras protetoras em torno de sua empresa. Ao estar atento aos sinais de alerta, desenvolver planos sólidos e construir uma equipe preparada, você está garantindo que sua empresa esteja pronta para enfrentar qualquer desafio que possa surgir. Lembre-se de que a preparação é um processo contínuo e que o aprendizado nunca para. Parabéns por completar essa jornada de transformação. Agora é o momento de implementar o que você aprendeu e continuar a fortalecer a resiliência da sua empresa. Seja previdente, seja resiliente e esteja preparado para navegar em águas desconhecidas com confiança.

Conclusão e Resumo

Nossa jornada de aprendizado e transformação chega ao fim, e você emergiu como um líder resiliente, capaz de enfrentar adversidades e guiar sua empresa para um futuro mais forte e promissor. Ao longo deste capítulo, exploramos diversas estratégias para fortalecer sua empresa, desde a reflexão sobre decisões passadas até a criação de uma cultura de resiliência e a preparação para futuras adversidades. Vamos recapitular as principais lições:

Reflexão e Aprendizado: A análise das experiências passadas e dos resultados obtidos fornece insights importantes para moldar o futuro.

Resiliência Estratégica: Integrar resiliência à cultura organizacional e estabelecer planos de contingência robustos fortalece a capacidade da empresa para enfrentar desafios.

Adaptação e Inovação: Adotar a inovação, usar tecnologia de forma estratégica e desenvolver soluções criativas permite que a empresa evolua.

Engajamento da Equipe: Manter uma equipe motivada, bem treinada e engajada é fundamental para superar obstáculos.

Marketing e Reconstrução da Marca: Reforçar a marca e construir narrativas emocionais conectadas com os clientes fortalece os laços.

Aprendizagem com a Crise: Identificar lições, adotar aprendizados e aplicar mudanças que conduzem ao crescimento sustentável.

Preparação para o Futuro: Antecipar riscos, desenvolver planos de ação e construir uma rede de apoio prepara a empresa para o desconhecido.

Essas estratégias culminam no fortalecimento da resiliência de sua empresa, tornando-a mais adaptável, preparada e capaz de prosperar mesmo nas situações mais desafiadoras. Lembre-se de que o processo de construção de uma empresa resiliente é contínuo e requer dedicação e adaptação constantes. Parabéns por sua dedicação a esse percurso transformador. Agora, você está equipado com as ferramentas para liderar sua empresa em direção a um futuro resiliente e promissor. Seja um líder inspirador, seja resiliente e continue a escrever o sucesso de sua empresa.

CAPÍTULO 8:
MONITORAMENTO E
SUSTENTABILIDADE

Neste novo capítulo, você entrará na fase de monitoramento e sustentabilidade, onde consolidará o trabalho realizado até agora e garantirá que os esforços empreendidos continuem a render frutos no longo prazo. Como um guardião do sucesso, você aprenderá a monitorar o progresso, identificar áreas de melhoria contínua e manter a empresa em um caminho de crescimento sustentável.

Acompanhamento de Indicadores-Chave de Desempenho: Como um observador atento, você definirá e acompanhará os indicadores que medem o progresso das estratégias inovadoras.

Análise de Tendências de Desempenho: Assim como um analista perspicaz, você identificará tendências de desempenho ao longo do tempo e ajustará as abordagens conforme necessário.

Feedback e Envolvimento da Equipe: Como um líder sensível, você incentivará a equipe a fornecer feedback constante sobre a eficácia das estratégias e contribuir com ideias de melhoria.

Adaptação Contínua e Aprendizado: Assim como um aprendiz eterno, você continuará a se adaptar às mudanças no ambiente de negócios e a aprender com cada novo desafio.

Integração da Sustentabilidade: Como um defensor do equilíbrio, você considerará os impactos econômicos, sociais e ambientais das decisões da empresa para garantir a sustentabilidade a longo prazo.

Estabelecimento de Planos de Longo Prazo: Assim como um planejador visionário, você criará planos estratégicos de longo prazo para guiar a empresa nos próximos anos.

Criação de um Ciclo de Melhoria Contínua: Como um cultivador de aprimoramento, você incentivará uma cultura de aprendizado e melhoria contínua em toda a organização.

Conclusão:

O monitoramento e a sustentabilidade são os pilares que mantêm a empresa no caminho certo, garantindo que os esforços realizados continuem a gerar resultados significativos ao longo do tempo. Ao permanecer vigilante, adaptável e comprometido com a aprendizagem constante, você está garantindo que sua empresa esteja preparada para enfrentar desafios futuros e crescer de maneira sustentável. Parabéns por embarcar nessa etapa final da jornada de transformação. Agora é o momento de colher os frutos do trabalho árduo e manter sua empresa no caminho da excelência. Seja um guardião do sucesso, seja resiliente e continue a liderar sua empresa para um futuro brilhante.

Acompanhamento Constante

Neste capítulo, você se tornará um observador atento, focado em garantir que os esforços para reerguer sua empresa permaneçam eficazes e sustentáveis ao longo do tempo. Como um guardião do progresso, você aprenderá a manter-se vigilante, monitorando continuamente o desempenho e fazendo ajustes para garantir o crescimento contínuo.

Estabelecimento de Métricas Claras: Como um defensor da clareza, você definirá métricas claras e mensuráveis para acompanhar o progresso da sua empresa.

Avaliação Regular dos Resultados: Assim como um avaliador crítico, você analisará os resultados periodicamente para verificar se as estratégias estão alcançando os objetivos desejados.

Identificação de Oportunidades de Melhoria: Como um otimizador experiente, você identificará oportunidades para aprimorar processos, reduzir ineficiências e aumentar a eficácia.

Engajamento de Stakeholders: Como um comunicador eficaz, você envolverá clientes, funcionários e parceiros para obter feedback valioso sobre a experiência deles.

Adaptação às Mudanças: Assim como um adaptador ágil, você estará pronto para ajustar as estratégias conforme as condições do mercado evoluem.

Promoção de Inovação Contínua: Como um promotor de crescimento, você incentivará a geração constante de novas ideias e soluções.

Criação de Cultura de Melhoria: Como um defensor da excelência, você promoverá uma cultura de aprendizado contínuo e busca por aprimoramento.

Conclusão:

O acompanhamento constante é a âncora que mantém sua empresa no rumo certo, garantindo que as estratégias implementadas continuem a gerar resultados positivos ao longo do tempo. Ao permanecer ativamente envolvido, adaptável e aberto ao feedback, você está garantindo que sua empresa cresça de maneira sustentável e mantenha sua resiliência. Parabéns por embarcar nesta fase final da jornada de transformação. Agora é o momento de colher os frutos do trabalho árduo e liderar sua empresa em direção a um futuro de sucesso contínuo. Seja um observador diligente, seja resiliente e continue a conduzir sua empresa para um futuro próspero.

Avaliação de Tendências e Adaptação

N este capítulo, você se tornará um analista de evolução, focado em identificar tendências e adaptar as estratégias da empresa para garantir o sucesso contínuo. Como um guia da transformação, você aprenderá a ler os sinais do mercado e ajustar as abordagens conforme necessário.

Identificação de Tendências Emergentes: Como um observador perspicaz, você identificará tendências emergentes no mercado que possam impactar sua empresa.

Análise de Dados e Informações: Assim como um analista de dados experiente, você analisará informações relevantes para compreender como as tendências afetam a empresa.

Avaliação de Impactos Potenciais: Como um avaliador crítico, você avaliará os possíveis impactos positivos e negativos das tendências na empresa.

Adaptação Estratégica: Como um estrategista ágil, você ajustará as estratégias da empresa para capitalizar as tendências positivas e mitigar os impactos negativos.

Monitoramento Contínuo: Assim como um observador constante, você continuará a monitorar as tendências para garantir que as estratégias estejam alinhadas com a evolução do mercado.

Colaboração e Inovação: Como um facilitador de mudanças, você incentivará a equipe a colaborar e encontrar soluções inovadoras para lidar com as tendências.

Comunicação Estratégica: Como um comunicador eficaz, você compartilhará as descobertas sobre tendências e os ajustes nas estratégias com a equipe e stakeholders.

Conclusão:

A avaliação de tendências e a adaptação são os instrumentos que permitem que sua empresa navegue com sucesso em um ambiente em constante mudança. Ao identificar, analisar e ajustar as estratégias com base nas tendências, você está assegurando que sua empresa esteja sempre à frente. Parabéns por embarcar nessa fase de análise e adaptação. Agora é o momento de usar seu conhecimento para garantir que sua empresa continue a crescer e a prosperar em meio à evolução do mercado. Seja um analista de evolução, seja resiliente e continue a liderar sua empresa para um futuro de conquistas contínuas.

N este capítulo, você se tornará um guardião da inovação, focado em manter um ambiente que promova a constante geração de novas ideias e abordagens. Como um líder inspirador, você aprenderá a cultivar a cultura da inovação e garantirá que a empresa permaneça na vanguarda do progresso.

Promoção da Mentalidade Inovadora: Como um mentor visionário, você incentivará a equipe a abraçar uma mentalidade que valoriza a busca constante por soluções criativas.

Criação de Espaços para Ideias: Assim como um arquiteto do ambiente, você estabelecerá espaços e plataformas para que sua equipe compartilhe e desenvolva suas ideias.

Estímulo à Colaboração: Como um facilitador de conexões, você promoverá a colaboração entre departamentos e indivíduos para criar sinergias inovadoras.

Reconhecimento e Recompensa: Como um apoiador de esforços, você recompensará e reconhecerá as contribuições que levam a avanços inovadores.

Experimentação Controlada: Como um gestor de riscos, você permite a experimentação com novas abordagens enquanto mantém o controle sobre os resultados.

Aprendizado com o Fracasso: Assim como um promotor de aprendizagem, você incentivará a equipe a ver o fracasso como uma oportunidade de aprendizado e melhoria.

Implementação de Ideias: Como um executor ágil, você garantirá que as ideias selecionadas serão inovadoras.

Conclusão:

A manutenção da inovação contínua é o alicerce que permite que sua empresa seja competitiva e relevante. Ao promover a cultura da inovação, criar espaços para ideias e incentivar a colaboração, você está garantindo que a empresa esteja sempre à frente da curva. Parabéns por embarcar nessa fase vital da jornada de transformação. Agora é o momento de ideias nutrir a criatividade, implementar revolucionárias e liderar sua equipe em direção a um futuro inovador. Seja um guardião da inovação, seja resiliente e continue a conduzir sua empresa para um horizonte de possibilidades infinitas.

Foco na Satisfação do Cliente

Neste capítulo, você se transformará em uma proteção da satisfação do cliente, focada em construir relacionamentos sólidos e garantir que os clientes estejam satisfeitos e com resultados em sua empresa. Como um líder voltado para o cliente, você aprenderá a criar uma experiência excepcional para os clientes e garantir que suas necessidades sejam atendidas de maneira eficaz.

Compreensão Profunda do Cliente: Como um pesquisador dedicado, você buscará entender as necessidades, desejos e expectativas de seus clientes.

Personalização da Experiência: Assim como uma arte de serviços, você criará experiências personalizadas que atenderão às necessidades individuais de cada cliente.

Resposta Ágil e Eficiente: Como um solucionador rápido, você garantirá que as entregas dos clientes sejam tratadas de maneira ágil e eficiente.

Coleta de Feedback: Como um cliente atento, você solicitará e valorizará o feedback dos clientes para melhorar constantemente seus produtos e serviços.

Construção de Relacionamentos Duradouros: Como um construtor de confiança, você cultivará relacionamentos de longo prazo com os clientes, baseados na confiança e sem respeito.

Antecipação das Necessidades Futuras: Como um visionário orientado para o cliente, você anteciparás as necessidades futuras dos clientes e se preparará para atendê-las.

Resolução de Problemas com Empatia: Como um solucionador empático, você tratará os problemas dos clientes com sensibilidade e encontrará soluções satisfatórias.

Conclusão:

A satisfação do cliente é o alicerce que sustenta o sucesso de sua empresa. Ao compreender profundamente seus clientes, personalizar suas interações e garantir uma experiência excepcional, você está construindo relacionamentos que perduram. Parabéns por embarcar nesta fase vital da jornada de transformação. Agora é o momento de colocar o cliente em primeiro lugar, liderado com empatia e conduzir sua empresa para um futuro onde a satisfação do cliente é a chave para o sucesso. Seja um guardião da satisfação do cliente, seja resiliente e continue conquistando a confiança e lealdade de seus clientes.

Cultura de Inovação e Aprendizado

Neste capítulo, você se tornará uma descoberta de inovação e aprendizado, focada em criar uma cultura que promova a busca constante por novas ideias e o desenvolvimento contínuo da equipe. Como um líder impulsionador, você aprenderá a nutrir um ambiente onde a inovação floresce e o aprendizado é uma prioridade constante.

Fomento à Criatividade: Como um incentivador de ideias, você cultivará um ambiente que encoraje os funcionários a pensarem fora da caixa.

Exploração de Novas Tecnologias: Assim como um explorador digital, você incentivará a adoção estratégica de novas tecnologias para a inovação.

Experimentação Controlada: Como um pioneiro cauteloso, você permitirá a experimentação dentro dos limites definidos para contribuições para a inovação.

Aprendizado Contínuo: Como um promotor do conhecimento, você incentivará a equipe a buscar constantemente o desenvolvimento profissional e pessoal.

Compartilhamento de Conhecimento: Assim como um divulgador de informações, você promoverá uma troca de conhecimento e insights entre os membros da equipe.

Reconhecimento da Inovação: Como um apreciador de novas ideias, você considerará e recompensará a contribuição inovadora dos membros da equipe.

Adaptação a Falhas Construtivas: Como um líder tolerante a falhas, você permitirá erros construtivos como oportunidades de aprendizado e crescimento.

Conclusão:

Uma cultura de inovação e aprendizado é o motor que impulsiona a evolução constante de sua empresa. Ao fomentar a criatividade, promover o aprendizado contínuo e permitir a experimentação, você está construindo um ambiente onde a inovação floresce. Parabéns por embarcar nesta fase vital da jornada de transformação. Agora é o momento de liderar com visão de futuro, incentivar a busca constante por melhorias e continuar a guiar sua empresa para um futuro de inovação e crescimento. Seja um avanço de inovação e aprendizado, seja resiliente e continue a conduzir sua empresa para um caminho de excelência contínua.

Promoção da Colaboração e Sinergia

Neste capítulo, você se tornará um mestre em promover a colaboração e a sinergia dentro de sua empresa. Como um facilitador de conexões, você aprenderá a criar um ambiente onde o florescimento, a equipe se um em torno de objetivos comuns e o poder coletivo é maximizado para contribuição o sucesso.

Construção de equipes multidisciplinares: Como um arquiteto de equipes, você formará grupos que reunirão diversas habilidades para abordar desafios complexos.

Fomento à Comunicação Aberta: Assim como um facilitador de diálogo, você incentivará a comunicação franca e transparente entre os membros da equipe.

Definição de Metas Compartilhadas: Como um alinhador de visão, você estabelecerá metas claras e compartilhadas que unirão a equipe.

Criação de Espaços Colaborativos: Como um construtor de ambientes, você fornecerá espaços e ferramentas que facilitam a colaboração e o compartilhamento de ideias.

Reconhecimento do Trabalho em Equipe: Assim como um apreciador de esportes coletivos, você considerará e recompensará o trabalho em equipe.

Resolução Construtiva de Conflitos: Como um mediador habilitado, você abordará conflitos de maneira construtiva, transformando-os em oportunidades de crescimento.

Promoção da Diversidade de Ideias: Como um defensor da inovação, você incentivará a contribuição de diferentes perspectivas para enriquecer a tomada de decisões.

Conclusão:

A colaboração e a sinergia são os pilares que fortalecem o poder coletivo de sua empresa. Ao construir equipes multidisciplinares, fomentar a comunicação aberta e promover o trabalho em equipe, você está criando um ambiente onde todos podem contribuir para o sucesso. Parabéns por embarcar nesta fase vital da jornada de transformação. Agora é o momento de ser um facilitador de conexões, inspirar a colaboração e continuar a conduzir sua empresa em direção a um futuro de trabalho coletivo e realizações conjuntas. Seja um promotor da colaboração, seja resiliente e continue a guiar sua empresa para um caminho de sucesso compartilhado.

Celebração e Continuidade

Neste capítulo final, você se preparará para celebrar as conquistas alcançadas e garantir a continuidade do sucesso que construiu. Como um guardião do legado, você aprenderá a considerar o progresso, expressar gratidão e garantir que as bases sólidas que você colocou permanecerão firmes no futuro.

Reconhecimento das Conquistas: Como um apreciador das realizações, você considerará e celebrará as conquistas individuais e da equipe.

Expressão de Gratidão: Assim como um comunicador emocional, você expressará gratidão a todos que desenvolveram para o sucesso da empresa.

Preservação do Legado: Como um guardião do passado, você documentará as estratégias, valores e lições aprendidas para orientar futuros líderes.

Transição Suave: Como um facilitador de mudanças, você garantirá uma transição de liderança suave, se necessário, para manter a continuidade.

Inspiração para Futuras Gerações: Assim como um líder inspirador, você compartilhará histórias de sucesso para inspirar e guiar futuras gerações.

Celebração da Cultura Organizacional: Como um defensor dos valores, você celebrará a cultura única que tornou sua empresa excepcional.

Planejamento para o Futuro: Como um estrategista de longo prazo, você deixará um plano que garantirá que uma empresa continue a crescer e se adaptar.

Conclusão:

A continuação e a continuidade são os pilares que garantem que suas conquistas perdurem no tempo. Ao reconhecer as conquistas, expressar gratidão e preservação do legado, você está garantindo que a empresa continue a prosperar. Parabéns por concluir essa jornada de transformação. Agora é o momento de celebrar o que foi construído, inspirar as futuras gerações e continuar a guiar sua empresa para um futuro de sucesso duradouro. Seja um guardião do legado, seja resiliente e continue a liderar sua empresa para um legado eterno de realizações.

Reflexão e Renovação

Neste capítulo final, você se transformará em um mestre da reflexão, dedicado a analisar o caminho percorrido e a renovar o compromisso com o sucesso contínuo de sua empresa. Como um líder sábio, você aprenderá a tirar lições do passado, reenergizar a visão e contribuir para a empresa para novas alturas.

Análise de Jornada: Como um observador crítico, você refletirá sobre os desafios superados e as lições aprendidas ao longo da jornada.

Reafirmação da Visão: Assim como um visionário inspirador, você renovará a visão da empresa, alinhando-a com os objetivos atuais.

Renovação de Compromissos: Como um defensor da missão, você reenergizará o compromisso da equipe com os valores e objetivos da empresa.

Identificação de Oportunidades de Crescimento: Como um estrategista perspicaz, você identificará novas oportunidades para expandir os horizontes da empresa.

Aprendizado Contínuo: Assim como um buscador de conhecimento, você manterá uma mentalidade de aprendizado constante para se adaptar às mudanças.

Cultivo da Inovação: Como um fomentador da criatividade, você criará a geração de ideias inovadoras em toda a organização.

Preparação para os Desafios Futuros: Como um guardião do futuro, você garantirá que uma empresa esteja preparada para enfrentar desafios desconhecidos.

Conclusão:

A reflexão e a renovação são a força motriz por trás do crescimento contínuo da sua empresa. Ao analisar a jornada, reafirmar a visão, identificar oportunidades e cultivar a inovação, você está garantindo que a empresa esteja sempre pronta para evoluir. Parabéns por concluir essa jornada de transformação. Agora é o momento de celebrar o progresso, renovar o compromisso e continuar a liderar sua empresa em direção a um futuro brilhante e cheio de possibilidades. Seja um mestre da reflexão, seja resiliente e continue a conduzir sua empresa para um futuro de renovação constante.

PARABÉNS!

Você concluiu com sucesso essa jornada de transformação e aprendizagem. Ao longo dos capítulos, você se tornou um líder resiliente, estratégico e adaptável, capaz de guiar sua empresa em direção a um futuro de sucesso sustentável. Cada passo que você contribuiu para construir uma base sólida e preparar sua empresa para enfrentar os desafios e oportunidades que o futuro trará.

Lembre-se de que uma jornada de transformação é contínua. À medida que o cenário empresarial evolui, continue aplicando as lições aprendidas, ajustando estratégias e liderando com visão e resiliência. Este é apenas o começo de uma jornada de crescimento contínuo e sucesso duradouro.

Com sua dedicação, habilidades e aprendizado constante, você está preparado para liderar sua empresa em direção a um futuro promissor. Seja um líder inspirador, seja resiliente e continue a escrever a história de sucesso de sua empresa. Parabéns novamente por sua realização e por se tornar um líder transformador.

CONCLUSÃO

Um Novo Horizonte para o FinGenius

N este livro, exploramos uma jornada transformadora que guiará sua empresa, a FinGenius, para um futuro de sucesso e crescimento sustentável. Cada capítulo representa um passo crucial para tirar sua empresa do buraco e conduzi-la para uma nova era de oportunidades. Desde o diagnóstico da situação atual até o investimento em tecnologia, infraestrutura e pessoas para o futuro, você se tornou um líder visionário e resiliente, capaz de enfrentar qualquer desafio que surja em seu caminho.

Ao longo desta jornada, a importância da análise, planejamento, adaptação e investimento se tornam mais claros. Você aprendeu a avaliar sua situação financeira, redefinir estratégias, inovar, engajar a equipe e criar uma cultura de aprendizado contínuo. Com cada página, você se transforma em um líder capaz de guiar sua empresa com confiança e determinação.

A FinGenius não é apenas uma empresa de consultoria, mas também uma fonte valiosa de recursos, com um site repleto de livros, guias, planilhas, cursos e um blog semanal. O site fingenius.com.br é um oásis de conhecimento e práticas que apoiam o crescimento e o sucesso de empresas como a sua.

Nossa jornada está longe de terminar. À medida que você aprender as lições deste livro e utilizar as ferramentas disponíveis em nosso site, pavimentará o caminho para uma aplicação futura de conquistas. A equipe da FinGenius agradece a você por embarcar nesta jornada conosco. Desejamos a você e à sua empresa sucesso, crescimento e realização contínua.

Agora, juntos, vamos continuar a transformar desafios em oportunidades, superar obstáculos e criar um futuro brilhante para a FinGenius e todas as empresas que você ajudar a prosperar.

Com gratidão, Equipe FinGenius

POSFÁCIO

Um Novo Horizonte de Possibilidades

Caro leitor,

Ao chegarmos ao final deste livro, gostaria de expressar minha sincera gratidão por ter compartilhado essa jornada de transformação comigo. Exploramos juntos estratégias, princípios e abordagens práticas que podem desencadear uma mudança positiva nas empresas, independentemente do tamanho ou do setor em que atuam.

Minha esperança é que você tenha encontrado inspiração e orientação em cada página, e que tenha percebido que mesmo os desafios mais intimidantes podem ser superados com a mentalidade certa e ação determinada. Através da análise, da inovação, da resiliência e do comprometimento com a excelência, cada um de nós tem o poder de moldar um futuro de sucesso e realização.

A jornada de transformação empresarial é contínua, assim como é a evolução do mundo dos negócios. À medida que avançamos, convido você a manter a curiosidade viva, a abraçar a mudança e a continuar aprimorando suas habilidades e conhecimentos. Lembre-se de que a busca pelo aprimoramento é um caminho que nunca termina.

Através de altos e baixos, desafios e vitórias, lembre-se sempre do seu poder para redefinir o futuro da sua empresa. Que esta jornada de transformação seja apenas o começo de uma trajetória cheia de conquistas e realizações, à medida que você lidera sua empresa em direção a novos horizontes de possibilidades.

Com sinceros votos de sucesso,

João Antonio Xavier Neto Fundador da FinGenius

AGRADECIMENTOS

Um Novo Horizonte para o FinGenius

Neste livro, exploramos uma jornada transformadora que guiará sua empresa, a FinGenius, para um futuro de sucesso e crescimento sustentável. Cada capítulo representa um passo crucial para tirar sua empresa do buraco e conduzi-la para uma nova era de oportunidades. Desde o diagnóstico da situação atual até o investimento em tecnologia, infraestrutura e pessoas para o futuro, você se tornou um líder visionário e resiliente, capaz de enfrentar qualquer desafio que surja em seu caminho. Ao longo desta jornada, a importância da análise, planejamento, adaptação e investimento se tornam mais claros. Você aprendeu a avaliar sua situação financeira, redefinir estratégias, inovar, engajar a equipe e criar uma cultura de aprendizado contínuo. Com cada página, você se transforma em um líder capaz de guiar sua empresa com confiança e determinação. A FinGenius não é apenas uma empresa de consultoria, mas também uma fonte valiosa de recursos, com um site repleto de livros, guias, planilhas, cursos e um blog semanal. O site fingenius.com.br é um oásis de conhecimento e práticas que apoiam o crescimento e o sucesso de empresas como a sua. Nossa jornada está longe de terminar. À medida que você aprender as lições deste livro e utilizar as ferramentas disponíveis em nosso site, pavimentará o caminho para uma aplicação futura de conquistas. A equipe da FinGenius agradece a você por embarcar nesta jornada conosco. Desejamos a você e à sua empresa sucesso, crescimento e realização contínua. Agora, juntos, vamos continuar a transformar desafios em oportunidades, superar obstáculos e criar um futuro brilhante para a FinGenius e todas as empresas que você ajudar a prosperar.

Com gratidão, Equipe FinGenius

www.ingramcontent.com/pod-product-compliance
Lightning Source LLC
Chambersburg PA
CBHW072201290526
45794CB00004B/1606